Karsten Schröder

ABENTEUER NEUSEELAND

Eine Reise ans Ende der Welt

BASTEI-LÜBBE-TASCHENBUCH
Band 60259

Erstveröffentlichung
© by Gustav Lübbe Verlag GmbH, Bergisch Gladbach
Printed in West Germany, Januar 1990
Einbandgestaltung: Dieter Kreuchauff
Titelbild: Karsten Schröder
Abbildungen im Tafelteil vom Autor
Satz: Fotosatz Manfred Schöning, Nümbrecht
Druck und Bindung: Clausen & Bosse, Leck
ISBN 3-404-60259-5

Für Elfriede

Inhalt

Teil I

Auckland

Erstes Kapitel
Wie alles anfing

Am 28. August 1983 warteten Elfriede und ich im Berliner Bahnhof Zoo auf den Zug nach Paris. Wir hatten die Arbeit gekündigt, die Wohnung vermietet und wollten mit Zelt und Rucksäcken in die Welt hinaus.

Abenteuerlust und Neugier, Flucht und Resignation, Überdruß an Deutschland, Sehnsucht nach der heilen Welt — wir fuhren über Paris nach Le Havre, kamen zur Zeit der Herbststürme in Irland an und streiften durch die Berge Donegals, gaben bald das Zelten auf und schliefen in eiskalten Zimmern oder an Torffeuern in Feldsteinscheunen. Draußen heulten die Stürme, dann versank das Land in Nebeln. Der Oktober ging vorüber, und wir mußten uns entscheiden, wo wir überwintern wollten.

Es war an einem dieser grauen Tage, in einer Jugendherberge in Donegal, da flog die Tür auf, und eine hagere Gestalt in klatschnassem Ölzeug stapfte herein. Das war Max Tory, Globetrotter per Motorrad. Er hatte zehn Stunden Regen hinter sich und kam aus Neuseeland.

Wir wußten nicht so recht, wo das lag, irgendwo auf der anderen Seite der Erde, bei Australien oder Neuguinea. Dort lebten Weiße, wie Max ja bewies, aber sonst? Wir warteten, bis er am Kaminfeuer saß, und fragten ihn aus.

Das Land bestand also aus zwei großen und einer kleinen Insel, besaß etwas mehr Fläche als die Bundesrepublik und lag zweitausend Kilometer südöstlich von Australien, als Sprungbrett zur Antarktis. Und wenn wir Max glauben durften, dann hatte Neuseeland von allen Landschaften Europas etwas, und noch ein bißchen mehr, mit insgesamt nur vier Millionen Menschen. Es gebe Pfade durch die Wildnis, erzählte er, Tracks durch Urwälder und Gebirge, man könne wochenlang wandern.

»Und wilde Tiere?« fragte Elfriede.

»Nichts.«

»Aber Spinnen und Schlangen«, fürchtete ich.

»Ach was! Nicht mal Skorpione.«

»Heißt das«, fragte Elfriede gespannt, »wir könnten dort unbesorgt zelten?«

Er lachte. »Was stellt ihr euch vor?! Ihr könnt dort campen, wo ihr wollt!«

Was er sagte, klang abenteuerlich, manchmal geradezu unglaublich. Und während der Regen gegen die Scheiben trommelte und der Sturm ums Haus grollte, erzählte er, daß in Neuseeland gerade Frühling sei.

Im nächsten irischen Dorf gingen wir zur Post, die gleichzeitig ein Buchladen war, und fragten nach einem Atlas. Es gab nur einen für Schulkinder, mit einer winzigen Neuseeland-Karte. Die aber zeigte Hochgebirge, Vulkane und drei große Städte: Auckland, Wellington, Christchurch. Wir gaben den Atlas zurück, fuhren nach Dublin, setzten nach England über und trampten Richtung London, wo die neuseeländische Botschaft und die Filialen vieler Fluggesellschaften ansässig waren.

London – das war Dreck, Krach, Gewühl, das waren winklige, verstopfte Straßen, überfüllte U-Bahnen und stinkende Luft. Wir hasteten von Fluggesellschaft zu Fluggesellschaft, von den Banken zur Post und von der Botschaft zu den Reisebüros, aber die billigen Flüge waren weg, die Bremer Sparkasse schickte kein Geld herüber, und der Botschaftsmensch empfahl uns, die Visa in Bonn zu besorgen. Nur durch die Fürsprache einer

freundlichen Frau, einer Neuseeländerin von »Pazifik-
und Weltreisen«, klappte schließlich doch noch alles, und
nachdem wir zwei Tage lang die »National Bank« bela-
gert hatten, nachdem Kabel über den Kanal geschickt
und Telefonate geführt worden waren, da erwachte auch
die Sparkasse in Bremen. Wir konnten die Tickets bezah-
len und schenkten der Frau einen Rosenstrauß.

Dreißig Stunden dauerte der Flug, und dreißig Stunden
können ziemlich lang werden! Unbekümmert bestiegen
wir den Jumbo und hoben ab, landeten in Bahrain am
Persischen Golf und überflogen dann die Wüsten, ein Ei-
nerlei aus Grau und Braun, entsetzlich kahl und trocken.
Die Stewardeß servierte Bier und Whisky, aber ich
brachte es nicht fertig, im Angesicht der Dürre unter mir
zu saufen, und rührte keinen Tropfen an.

Hinter Singapur verschwamm der Flug in den Schleiern zunehmender Müdigkeit. Und als die Sonne über
Australien aufging, nahmen wir schon nichts mehr wahr.
In Sydney hatten wir Aufenthalt, lagen im Halbschlummer auf Flughafenbänken, taumelten dann zur Maschine
zurück und schliefen weiter, bis die Stewardeß uns weckte. Benommen schauten wir auf Wolken und Bergspitzen
herab, die unter den Tragflächen durchzogen.

Zweites Kapitel
Die Ankunft

Als wir in Auckland landeten, verlangten wir nichts weiter als ein Bett, hatten jedoch keine Ahnung, wo es zu finden war. Im Herzen der City stiegen wir aus dem Flughafenbus und standen benommen in einer Straßenschlucht, umgeben von Hochhaustürmen, die sich über unseren Köpfen gegeneinander zu neigen schienen, und in einer Flut von Gesichtern, Stimmen und Farben. Ich haßte die vielen Menschen, die das Gehen so beschwerlich machten, denn sie stießen ständig gegen die Kanten meines Rucksacks und rissen mich fast um. Elfriede hatte Schmerzen in den Ohren und hörte so schlecht, daß sie mich anschrie, wenn sie mit mir redete.

Nur Geschäfte zogen vorbei, Souvenir-Shops, Banken, Kinos und blitzende Fensterfassaden. Dann ließ die sechsspurige Straße die Hochhäuser hinter sich und zog einen steilen Hügel hinauf. Entmutigt blieb ich stehen.

»Komm!« schrie Elfriede. »Wenn wir oben sind, haben wir's geschafft!«

Dort sollten billige Hotels liegen, also schleppten wir uns hinauf, aber auf halbem Weg wurde mir so schlecht, daß ich mich gegen eine Mauer lehnen mußte.

»Da drüben, das ›Manor House‹«, keuchte sie und zeigte auf ein Backsteingebäude. »Das sollten wir nehmen!«

»Egal, wieviel es kostet!«

»Wir können ja morgen umziehen, wenn's zu teuer ist.«

Und es war zu teuer, kein Lächeln der braunhäutigen Empfangsdame täuschte darüber hinweg. Dreißig Dollar für ein Doppelzimmer und eine Nacht! Müde und enttäuscht schauten wir uns an, aber die Betten lagen jetzt so greifbar nahe, daß ein Verzicht nicht in Frage kam. Und als ich hinter der Wirtin die Treppe hochstieg, konnte ich die weichen Matratzen und die frischen Laken beinahe schon spüren.

Sie schloß ein Zimmer auf und verschwand. Breite Bahnen aus Sonnenlicht liefen über den Teppich und legten sich quer über ein schneeweißes Doppelbett.

»Ach, Karsten!« Elfriede atmete hörbar auf. »Weißt du überhaupt, wann wir zum letztenmal in einem richtigen Bett geschlafen haben?«

»Ja. Vor anderthalb Monaten.«

Das war in Buncrana, Irland, gewesen, seitdem hatten wir mit dem Zelt, mit Einzelbetten oder Flugzeugsesseln vorlieb nehmen müssen.

Elfriede ging duschen, ich aber wollte nur noch in das leuchtende Bett und genoß es, die verschwitzten Kleider loszuwerden. Ich fand es angenehm warm im Zimmer, beobachtete die Sonnenstrahlen, die durch das offene Fenster fielen, und staunte über ihr ungewöhnlich klares Licht. Draußen sangen Amseln und schilpten Spatzen, gurrten Tauben und flöteten fremdartige Stimmen, die tropisch und nach Südsee klangen. Im Zimmer lag Sommer, und verunsichert setzte ich mich auf die Bettkante. Ich war aus Gewohnheit auf Herbst und Winteranfang eingestellt, auf Novembernebel und kahle Bäume, und begriff nicht ganz, daß vage Vorstellungen von Sommer und Südsee plötzlich Wirklichkeit geworden waren. Vorsichtig genoß ich die laue Luft und die Vogelstimmen, als könnte ich sie verscheuchen, fühlte jedoch, hörte und roch, wie sie vom Zimmer Besitz ergriffen, und kroch behaglich unter die Decken. Elfriede kam zurück und kuschelte sich zu mir. Es war schön, ihre Haut zu spüren, nach all den Tagen, in denen wir nicht aus den Kleidern gekommen waren, und gemeinsam horchten wir auf das Singen der Vögel.

Sechzehn Stunden später wachten wir auf. Ich hatte Schnupfen und fühlte mich lahm, aber die Neugier, Auckland kennenzulernen, war wieder da. In der Nähe fanden wir ein anderes Hotel und ein billiges Zimmer, gingen dann in einen Park und setzten unsere Erholung fort. Palmen wuchsen am Rande einer Rasenfläche, Büsche wucherten mit dicken Blättern, die wie gewachst aussahen, und ein warmer Wind fächelte durch meine Haare. Ich empfand ihn als Liebkosung, denn der Herbstwind in Irland war oft kalt gewesen, und wenn ich den Kopf in den Nacken legte, meinte ich, nie zuvor ein so reines und tiefes Blau gesehen zu haben. Wo wir herkamen, hing an sonnigen Tagen fast immer ein Schleier vorm Himmel und setzte dem Blick Grenzen, hier aber konnte ich ins Universum starren und mich verlieren in der endlosen, betörenden Weite. Ich hörte Amseln singen und Südseevögel flöten und mußte an die Parks und Wälder in Europa denken, die jetzt, nach der Flucht der Vögel vor dem Winter, still und düster geworden waren. Hier öffneten sich Blumen unterm warmen Wind, hier leuchtete das Laub in hundert Schattierungen von Grün, zu Hause aber fegten Stürme durchs Land, rissen Blätter von den Bäumen und hinterließen kahle Holzskelette.

»Warum schüttelst du den Kopf?« fragte Elfriede. »Gefällt's dir nicht?«

Ich zögerte und hatte Mühe, in Worte zu fassen, was in mir vorging. Alles wirkte unwirklich und fremd, zu sommerlich, zu üppig. In meinem Kopf nistete noch immer der Herbst, und die Fülle dieses Parks war noch unbegreiflich für mich.

In unserer Nachbarschaft lag die Queensstreet, jene sechsspurige Rennbahn, die uns gestern auf den Hügel geführt hatte. Viktorianische Häuserzeilen begleiteten sie, Backsteinkästen aus der Jahrhundertwende, während unten, am Fuß des Hügels, die Wolkenkratzer den Weg versperrten und die Rennbahn zur Schlucht degradierten.

»New York«, bemerkte ich, aber das war nur der erste Eindruck, denn obwohl die Queensstreet eigentlich ein Gewimmel von Straßenkreuzern erwarten ließ, Blechschlangen, Hupkonzerte und Abgaswolken, fuhren die Autos und gelben Busse nur spärlich dahin, ohne Gedränge und ständigen Lärm. Es machte Spaß, zur City hinabzuschlendern, im Schatten der Veranda-Dächer, die kilometerlang die Bürgersteige überdeckten und auf hölzernen Bordsteinpfeilern ruhten. Und Auckland, das eben noch wie eine Südsee-Stadt, dann wie New York erschienen war, erinnerte plötzlich an Wildwest. Die Stadt war bunt, da gab es keinen Zweifel, so bunt wie ihre Bevölkerung, denn zwischen die Weißen, die wie Europäer aussahen, mischten sich Maoris und Polynesier, braun wie Schokolade oder Milchkaffee, mit schwarzen Augen und Haaren. Die Älteren schleppten fette Körper über die Bürgersteige, junge Frauen jedoch waren gertenschlank und bewegten sich mit sinnlicher Geschmeidigkeit. Ein Braunhäutiger hockte auf dem Pflaster vor einer Spielhalle und hielt einen Radiorecorder fest, und ein zweiter tanzte betrunken zur dröhnenden Reggae-Musik. Seine Arme waren von den Fingerspitzen bis zu den Schultern mit Tätowierungen bedeckt, mit blauen Spiralen und Ornamenten, so dicht, daß keine Hautfarbe mehr zu sehen war.

»Da hört Europa auf«, bemerkte ich.

»Nicht nur da«, erwiderte Elfriede. »Auch die Weißen sind anders. Schau mal!«

Der Mann mochte fünfzig Jahre alt sein, hielt sich sehr gerade und trug eine Aktentasche unterm Arm: Beinahe ein Gentleman vom Scheitel bis zur Sohle, wäre da nicht die kurze Hose gewesen. Ich mußte grinsen, denn noch nie hatte ich jemanden so ins Büro gehen sehen, höchstens Kinder in die Schule. Aber hier schienen Shorts und abgeschnittene Jeans, Sport- und Badehosen die Nationaltracht zu sein. Die Beine der neuseeländischen Männer waren braungebrannt. Auch die Gesichter waren gebräunt, und niemand hetzte, jeder bewegte sich zügig und locker, fast sportlich. In Berlin und London boxte man sich durch und trat vor roten Ampeln von einem Bein aufs andere, hier wartete man mit einer Schafsgeduld, bis die Autos durchgeschleust waren. Und auch, wenn keine mehr kamen, ging man nicht über die Straße, solange die Ampel auf »stop« stand – woran wir uns in deutscher Unrast kaum gewöhnen konnten.

Am Rande der City machten wir Pause. Mir war warm, nicht nur von der Sonne, auch von der Lebendigkeit der Stadt. Auckland war zwar nicht Colombo oder Bangkok, sondern das Kind europäischer Auswanderer, aber großgeworden war es zwanzigtausend Kilometer von Europa entfernt. Ich fühlte mich wohl hier, sehr fremd und weit weg von zu Hause.

Zwischen den Häusern erblickten wir einen grünen Hügel, die »Domaine«, und stiegen hinauf. Schlanke, palmengleiche Stämme wuchsen wohl zwanzig Meter über unsere Köpfe, schwarzbraun geschuppt und so faserig, daß sie wie behaart aussahen. Zweige wie große Farnwedel rollten sich von ihren Spitzen aus und breiteten filigrane, lichtgrüne Schirme über uns, während die abgestorbenen Wedel wie braune Zöpfe herabhingen.

»Sind das Palmen?« fragte ich.

»Eher Farnbäume«, vermutete Elfriede.

»Gibt's sowas?«

»Keine Ahnung.«

Auf dem Hügelkamm lagen Wiesen mit blühenden Strelizien und karmesinroten Büschen, deren Blüten wie Flaschenbürsten aussahen. Melodische Töne wehten durch die Luft, und wir standen still und horchten.

»Was ist das?« fragte Elfriede. »Eine Flöte?«

17

»Eher eine Spieluhr«, meinte ich. »Und der da — siehst du den? Was macht der?«

Ein braungebrannter Weißer in Shorts und mit Schirmmütze schob eine Art Staubsauger durch das Gras und grüßte. Ich fragte nach seinem Gerät.

»Eine Sonde für Metalle«, erklärte er.

»Und was suchst du damit?«

»Münzen aus dem Krieg.«

»Dem Weltkrieg?«

Er lachte und legte sein Gesicht in freundliche Falten. »Ihr kommt wohl aus Europa, was? Hier war kein Weltkrieg, nur Krieg mit den Maoris. In der Domaine war ein Truppenlager, davon ist einiges übriggeblieben.«

»Was für Truppen?« wollte Elfriede wissen.

»Britische.«

»Wurde Auckland denn angegriffen?«

»Beinahe.«

»Von den Maoris?«

»Ja. Ihr wißt nicht viel über Neuseeland, was?«

»Nichts«, grinste ich. »Gerade angekommen.«

»Oha!« Er schüttelte meine Hand, zog einen Whisky-Flachmann aus der Tasche und ließ sich nieder. »Ich will nicht Tom heißen, wenn wir darauf keinen trinken!«

Ich nahm einen Schluck und drängte ihn, zu erzählen, und er sprach von einer Kanuflotte, die damals den Golf überquert und vor den Soldaten und einem Kriegsschiff Ihrer Majestät kapituliert hatte.

»Und wann war das?« fragte ich.

»1851«, erklärte er geschmeichelt. »Auckland war gerade elf Jahre alt. Ein Dorf aus Holzhütten, müßt ihr wissen, am Ufer des Hauraki-Golfes und umgeben vom Dschungel. Wart ihr schon in der Queensstreet?«

Elfriede nickte.

»Stellt euch eine Zeile aus Holzhäusern vor, vom Hafenpier nur zweihundert Meter ins Land hinein. Untendrin meist Kramläden, Werkstätten und Bars, und statt

Asphalt nur festgestampfte Erde, Staubwolken im Sommer und Schlamm im Winter. Da quälten sich alle durch, Reiter, Pferde, Fußgänger, und blieben oft drin stecken, besonders die Ladys in ihren langen Kleidern, wenn sie runter mußten vom hölzernen Bürgersteig. Und die Maoris lagerten am Strand und handelten mit den Pakehas.«

»Pakehas?« Ich stutzte.

»So nennen uns die Maoris.«

»Ist das ein Schimpfname?«

»Heißt Langschweine. Wir müssen wohl wie Schweine schmecken.« Er grinste und deutete auf seine Sonde. »Die Münzen stammen aus der Zeit, als die Farmen niederbrannten und ihre Bewohner aufgefressen wurden.«

»Verrückt!« entfuhr es mir.

»Nicht wahr?« Er nickte. »Ich geb' euch einen Tip. Geht auf den Mount Eden. Das ist ein alter Vulkan in der Stadt. Und wenn ihr vom Gipfel über das Land schaut, dann denkt einmal daran, daß dort ein Maori-Dorf stand.«

»Oben auf dem Vulkan?«

»Ja, am Kraterrand. Lange bevor der erste Pakeha in diese Gegend kam.« Er stand auf, wischte sich die Stirn und griff nach seiner Sonde.

»Was machst du eigentlich mit den Münzen?« fragte ich.

»Wir sammeln die.«

»Wer?«

»Meine Kollegen und ich«, schmunzelte er, »von der historischen Fakultät.« Er tippte grüßend gegen seinen Mützenschirm und ging davon.

Erneut schwangen die melodischen Töne durch die Luft, und Elfriede deutete auf einen Laubbaum, der wie ein Dom auf der Wiese stand.

»Unsinn«, flüsterte ich. »Wer hängt denn eine Spieluhr in einen Baum?«

Da bewegten sich die Zweige, ein dunkler Vogel flog davon, landete am Waldrand – und flötete.

»Was für ein Land!« staunte Elfriede. »Vögel wie Spieluhren, Blüten wie Flaschenbürsten und Bäume, die wie riesige Farne aussehen!«

»Und das da? Was ist das?«

»Könnte der Reichstag in Berlin sein.«

Das imposante Gebäude, das sich auf dem höchsten Hügel des Parks erhob, war das »War Memorial Museum«, und in seinen Hallen standen Kriegskanus neben prachtvoll geschnitzten Versammlungshäusern, auf deren Wänden sich dämonische Fratzen tummelten. Sie waren aus rotem Holz, rissen ihre Mäuler auf, streckten die Zungen heraus und fletschten die Zähne, und ihre Augen schimmerten voll Perlmutt. Sie mußten diabolisch gefunkelt haben, als hier noch Feuer gebrannt und Krieger sich beraten hatten. Schlachtbeile aus Hartholz oder Jade, Mäntel aus Kiwi-Federn und Flachs hingen an den Wänden, und ein Schrumpfkopf bleckte seine Zähne. Die Lippen waren weggefault, die Augenschlitze leer, die Haut war rissig wie Pergament und das Geflecht der Tätowierungen verblaßt. Die Maoris, so las ich, hatten die Köpfe ihrer Feinde mitunter abgeschlagen, balsamiert und getrocknet, was ungeahnte Ausmaße annahm, als die weißen Händler danach zu verlangen begannen. Sie waren Krieger und Kannibalen, Jäger und Ackerbauern, Seefahrer und Künstler, lebten in Palisadendörfern und jagten im Dschungel, schufen vollendete Schnitzwerke und führten Krieg untereinander und mit den Siedlern. Sie begannen, mich zu faszinieren, und ich hoffte, ihre Nachfahren eines Tages kennenzulernen.

Es dämmerte bereits, als wir das Museum verließen und in die City zurückkehrten. Die Queensstreet lag im Neonschein der Laternen und Schaufenster, und Limousinen aus den fünfziger Jahren fuhren umher, Bentleys und Sunbeams, auch alte amerikanische Straßenkreuzer und ein klappriger Kleinlastwagen mit rotzendem Motor, wie ihn US-Farmer in den frühen Hollywood-Filmen benutzten. Am Steuer saßen weiße Burschen; sie begrüßten sich mit der Lichthupe, lehnten ihre Ellenbogen lässig aus den Fenstern und klemmten die Zigarette im Mundwinkel fest, jeder ein kleiner James Dean. Sie rollten in beschaulichem Tempo vorbei und kehrten bald in der anderen Richtung zurück, verlangsamten die Fahrt, wenn Mädchen auf dem Bürgersteig flanierten, und riefen ihnen zu, worauf die Mädchen kicherten und ihre Hüften schwangen.

Wir kamen aus den Hochhäuserschluchten heraus und näherten uns unserem Hotel. Die Queensstreet wurde dunkler, Nutten lehnten an den Pfosten der Verandadächer, und Rocker hockten auf dem Bordstein und rauchten einen Joint. Die Hoteltür war offen, aber die Zimmertür klemmte und sprang erst auf, als ich mich dagegen warf. Eine Glühbirne hing von der Decke und beleuchtete vergilbte Gardinen und feuchte, schmutzige Tapeten, einen Teppich voller Staubflusen und ein Doppelbett, das bis zum Boden durchhing. Die Laken waren grau und wiesen uringelbe Flecke auf, und die Wolldecken fühlten sich filzig an, als wären sie zwar jahrelang benutzt, aber nie gewaschen worden. »Da sind noch zwei Feldbetten«, seufzte Elfriede, »die hängen wenigstens nicht durch.«

Wir packten die Schlafsäcke aus und zündeten eine Kerze an, bemühten uns, den Teppich nicht mit nackten Füßen zu betreten, und gingen zu Bett.

»Wo ist Schnuckelchen?« fragte Elfriede.

»Bei mir.«

Schnuckelchen war unsere Stoffkatze, Kind-Ersatz und Talisman zugleich. Sie hielt Erinnerungen an zu Hause fest, war Ansprechpartner in der Not und benahm sich besser als jedes echte Kind, nämlich so, wie wir es wünschten – weshalb wir auch nicht auf sie verzichten wollten und lieber riskierten, von manchen Reisenden für verrückt erklärt zu werden.

Ich blies die Kerze aus und hörte Elfriede in der Dunkelheit schnüffeln.

»Riechst du?«

»Tapeten und Matratzen faulen.«

»Das ist ein Muffelpuff!«

»Gute Nacht.«

Drittes Kapitel
Mount Eden

Als ich am Morgen ins Bad gehen wollte, rührte sich die Zimmertür keinen Zentimeter mehr, nicht einmal durch kräftiges Rütteln. Also zog ich die Gardinen beiseite und kletterte durch das Fenster auf die Veranda hinaus, kehrte durch die Eingangstür ins »Hotel« zurück und erreichte das Bad am Ende eines dunklen Korridors. Die Waschbecken waren mit feuchten Haarballen verstopft, ein alter Mann tauchte seinen Kamm ins Wasser, fuhr sich durch die Haare und wandte kein Auge von seinem Spiegelbild. Er reagierte nicht auf meinen Gruß und schien mich gar nicht wahrzunehmen, starrte nur unentwegt in den Spiegel und näßte seinen Kamm.

Im Raum vor dem Bad, offenbar die Küche, hantierte eine alte Frau an einem Gasherd, der vor Fett und Schmiere starrte. Sie war bucklig und hatte ein runzeliges Gesicht, roch nach Urin und übersah mich ebenfalls. Ich war froh, als ich unser Zimmer erreichte, und erzählte von den beiden Alten.

»Unheimlich«, murmelte Elfriede, »besser, wir nehmen Pässe und Reiseschecks mit.«

»Vielleicht mieten die sich hier ein, weil sie kein Zuhause haben.«

»Mag sein. Jedenfalls will ich hier raus!«

Wir kletterten durchs Fenster und tauchten in den Sonnenschein, als kämen wir aus einer Gruft. Der Asphalt glitzerte, die Autos blitzten, und der Himmel leuchtete in jenem Blau, das die Seele entführen kann. Wir fanden einen

»Take-away«, einen Imbiß, aßen Hamburger mit saftigen Fleischscheiben und Ananasringen, bummelten dann über die Karangahape Road und stießen auf einen verwilderten Park. Palmen ragten mit rauschenden Wedeln empor, und Farnbäume breiteten ihre Schirme aus, Margeriten und Strelizien blühten, und Löwenzahn betupfte das Gras. Dazwischen lagen Grabplatten, halb zugewuchert und mit Flechten bedeckt, und unter den Bäumen standen schiefe Grabsteine, die langsam in die Erde sanken, auch ein bemoostes Keltenkreuz.

»Michael McLaughlin«, entzifferte Elfriede, »geboren 1825 im County Donegal, gestorben 1880 in Auckland.«

Wir standen lange vor dem Grab und erinnerten uns an den irischen Nordwesten, an karge Berge voller Heide und Moor, an unfruchtbare Erde, die seit Generationen nur Torf, Steine und Kartoffeln hervorgebracht hatte. Als Michael McLaughlin um die zwanzig alt gewesen war, verfaulte zudem die Ernte, siebenmal hintereinander, und bedrohte die Bauern in ganz Irland mit dem Hungertod. Die englischen Landlords erkannten sofort ihre Chance, trieben die geschwächten Menschen aus ihren Hütten und verwandelten die Äcker in Schafsweiden für neu entstehende Textilfabriken. Eineinhalb Millionen Iren verhungerten, oft mit vom Grasessen grünem Mund, oder starben an Typhus, Cholera und Skorbut, und eine weitere Million wanderte aus, nach England und den USA, Kanada und Indien, Australien und Neuseeland. Häufig verschuldete sich die ganze Familie, um einem ihrer Kinder das Überleben zu erkaufen, zahlte Wucherpreise für Schiffspassagen, die es gar nicht gab, oder belegten Kojen auf Seelenverkäufern, die im ersten Sturm kenterten. Michael McLaughlin, der Hungerflüchtling aus Donegal, mochte die Blockhütten und schlammigen Gassen von Auckland für ein Paradies gehalten haben.

Auf den Nachbargräbern lasen wir die Namen toter Schotten: McIvor aus Glasgow, Jahrgang 1860, McKenzie aus Inverness, Martin aus Thurso, McMulligan und Familie aus Dingwall. Ich setzte mich auf den Sockel eines rissigen Steinkreuzes, das an einen Stewart King erinnerte, der 1822 geboren wurde, in Paisley bei Glasgow, und siebzig Jahre später in Auckland verstorben war. Die Sonne wärmte, und der Duft von wilden Blüten hing über den Gräbern, Hummeln summten, Vögel flöteten, und der Himmel war tiefblau. Wie Stewart King wohl gestaunt haben mochte, als ihm nach monatelanger Seereise diese Fülle vor Augen gekommen war, an Bord eines Seglers aus dem Firth of Clyde[1], der arbeitslose Weber hierher gebracht hatte. Andere Dreimaster waren aus Liverpool, Plymouth und der Themse losgesegelt, ohne daß einer der Auswanderer wußte, worauf er sich da eingelassen hatte. Hauptsache, man kehrte den britischen Inseln den Rücken, wo ganze Landstriche zugunsten der Schafzucht entvölkert wurden und Ströme von Enteigneten, Vertriebenen und Bettlern in die Städte schwappten, wo die Handwerksbetriebe zu Hunderten unter dem Druck der neuen Fabriken schlossen und die Slums überquollen. Aber dann hingen Plakate in den Straßen und fanden Veranstaltungen statt, auf denen die Agenten einer »New Zealand-Company« Arbeit, Land und Zukunft versprachen, unter der einzigen Bedingung, daß man auswanderte. Und die vertriebenen Bauern und bankrotten Handwerker, die arbeitslosen Arbeiter und Hungerflüchtigen gingen an Bord der Segelschiffe, ließen Familien zurück, riskierten, in den Meeren zu ertrinken, und ahnten nicht, daß die versprochene Farm sich als ein Dschungel voller Kannibalen herausstellen sollte. Sie lebten zusammengepfercht im stinkenden Bauch der Schiffe, litten unter Ratten und ewiger Feuchtigkeit, bekamen verdorbenes Essen, zu wenig Wasser und keine Medikamente, und star-

[1] Fjord an der schottischen Westküste

ben an Fieber, Ruhr und Skorbut. Stürme kappten die
Masten der Segler, Sturzseen schwemmten Gepäck und
Passagiere über Bord, und die Auswanderer aus Paisley,
Liverpool und Plymouth waren heilfroh, als sie endlich
einen Strand mit Zelten und Farnhütten erblickten. Sie
fanden Jobs und kauften Land, rodeten den Urwald, be-
pflanzten Äcker und züchteten Vieh, suchten Gold und
kämpften gegen die Maoris, heirateten und zeugten Kinder, bis der Webstuhl in Paisley, der Hunger in Irland
oder die Slums in London, bis Eltern und Geschwister zu
blassen Erinnerungs-Gespenstern wurden.

»Träumst du?« Elfriede war neben mich getreten, ohne
daß ich sie bemerkt hatte. Sie sah wie eine Zigeunerin aus.
Sie hatte ihr Halstuch um die Stirn geschlungen und Mar-
geriten-Blüten hinters Ohr gesteckt. Sie breitete die Arme aus und drehte sich wie ein Kreisel, ließ den Rock ro-
tieren und zeigte ihre Beine bis zu den Hüften hinauf.
Dann fiel sie atemlos ins Gras, sprang jedoch gleich wieder auf und keuchte:

»Ich möchte weiter! Wohin gehen wir?«

»Zum Mount Eden«, schmunzelte ich, »wie der Mün-
zensammler gesagt hat.«

Wir verließen den Friedhof und kamen durch Straßen
mit bunten Holzhäusern, die zwischen Zitronen- und
Orangenbäumen standen, flach und weitläufig wie Bungalows, mit Veranden, Erkern und geschnitzten Pfeilern.
Hinter ihnen wuchs der Mount Eden empor, in seinem
Gipfel einen Krater, der seit Jahrhunderten erloschen sein
mußte: hohes Gras kleidete ihn wie mit Almweiden aus,
und Kühe grasten auf seinem Grund. Wir standen
schweigend da und schauten über das weite Land zu unseren Füßen, wo Tausende von flachen Bungalows die
Ebene in ein Puzzle verwandelten, unterbrochen von
Parks und Vulkanhügeln, die wie Inseln aus dem Dächer-
meer ragten. Zwar lebten nur achthunderttausend Menschen in Auckland, aber der Platz, den sie beanspruchten,

war größer als die Zehn-Millionen-Stadt London. Und da jedermann den Besitz von Haus und Garten für selbstverständlich zu halten schien, war eine riesige Gartenstadt entstanden. Im Osten schwang sich der Hauraki-Golf bis vor die ersten Häuser und schillerte türkis im Sonnenlicht, und aus den glitzernden Wellen stieg der ertrunkene Vulkan Rangitoto hervor. Am Horizont, violett im Dunst der Ferne, zog sich ein zerklüftetes Gebirge bis zum Golf. Das war die Coromandel-Halbinsel, deren Wälder menschenleer sein sollten.

Elfriede zog ihr T-Shirt aus, legte sich ins Gras und schloß die Augen. Die Sonne schien warm, der Wind wehte lau, Wolken trieben im Blau, und lindgrüne Wiesen verschmolzen mit türkisfarbenem Wasser. Ich stellte mir Hütten aus Schilf und Farnbaumstämmen vor, rotgeschnitzte Pfosten und Giebel, Palisaden aus zugespitzten Baumstämmen, dazu Wasservögel in den Sümpfen, Tauben in den Wäldern, Muscheln am Strand und Fische im Meer. Auf den Hängen der Vulkanhügel mochten Gärten und Äcker gelegen haben, gesäumt von ungeschützten Schilfhütten, die in ruhigen Zeiten, wenn Kürbisse und Süßkartoffeln gepflanzt wurden, als Wohnstätten gedient hatten. Im Kriegsfall jedoch, und der trat nicht allzu selten ein, waren die Menschen in die Palisadendörfer geflüchtet.

Das Land unter uns begann im Abendlicht zu leuchten, das Meer nahm die Farbe von Kupfer an.

»Eden«, seufzte Elfriede, »das heißt Paradies, nicht wahr?«

Viertes Kapitel
Regina und Werner

Wir hatten Hunger, als wir in die City zurückkehrten, betraten ein Restaurant und konnten uns zwischen Dutzenden von Salaten nicht entscheiden. Die Verkäuferin, die wie eine Spanierin aussah, wartete mit einer Engelsgeduld.

»May be you would like a mixture?«

»Was meint sie?« flüsterte Elfriede.

»Wollt ihr 'ne Mischung haben?« wiederholte die Spanierin in schwäbischem Deutsch.

Ich war verdutzt.

»Aus Stuttgart«, lächelte sie.

»Und du lebst hier?«

»Zeitweise. Welche Salate wollt ihr?«

Wir wählten aus, und sie füllte die Teller.

»Bist du auf Reisen?« fragte ich.

»Ja, aber momentan arbeiten wir hier ...ihr wißt doch, daß dieser Laden vegetarisch ist?«

»Das macht nichts.«

»Aber dadurch kostet's euch zwölf Dollar.«

Vorhin wäre das zu teuer gewesen, jetzt zahlten wir ohne Bedenken. Die Schwäbin setzte sich zu uns und erzählte, daß sie Regina hieß, mit ihrem Freund reiste und für drei Monate als Serviererin arbeitete.

»Wie lange seid ihr denn unterwegs?« fragte Elfriede.

»Zwei Jahre.«

»Donnerwetter!« stieß ich hervor.

»Wieso?« Regina lachte. »Es sind die schönsten Jahre meines Lebens!«

»Und wie reist ihr?«

»Mit Rucksäcken. Und wie's gerade kommt. In den USA hatten wir 'nen Überführungswagen, und in Mexiko waren die Busse spottbillig... Wo wohnt ihr denn jetzt?«

»In einer Bruchbude«, knurrte Elfriede, »oben am Scotia Place.«

»Ich werd' verrückt! Tudor Hotel?«

»Ja.«

»Dann sind wir ja Nachbarn! Wir wohnen nebenan!« Sie strahlte übers ganze Gesicht. »Kommt doch heute abend zu uns, ich würde mich freuen! Und der Werner ist zur Zeit auf Deutsche ganz versessen!«

»Arbeitet der auch?«

»Ja, als Programmierer. Aber schwarz natürlich.« Sie stand auf, denn am Tresen wartete ein Gast. »Also bis bald! Und vergeßt nicht: ›Hall's Guesthouse!‹«

Zwei Stunden später betraten wir ein sauberes und gemütliches Zimmer unterm Dach des ›Guesthouse‹, wo sich ein langer und hagerer Mann mit kantigem Gesicht als Werner entpuppte. Er trug Turnschuhe mit aufgeplatzten Rändern und eine Cordhose, deren Stoff halb weggewaschen war, fragte neugierig nach unserem Reiseweg und lachte, als er hörte, wie wir nach Neuseeland gekommen waren. »Kein Gramm besser als wir!«

»Wieso?« fragte ich.

»Ach«, erzählte er fröhlich, »eigentlich gingen wir ja nur aus Mexiko weg, um gleich wieder einzureisen, wobei wir diesen Wagen nach Frisco fanden. Nur ein Abstecher, versteht ihr, nur über Kalifornien nach Mexiko zurück. Aber dort entdeckten wir diesen Flug nach Hawaii, und verdammt, warum nicht über Hawaii nach Mexiko! In Hawaii haben wir dann geheiratet und uns die Reise durch die Südsee geschenkt.«

»Ihr seid verheiratet?« staunte Elfriede.

»Da haben wir's!« rief Regina. »Ich sage dir gleich, ich

weiß nicht, warum! Wahrscheinlich lag es an Hawaii, denn vorher dachte ich nie daran.«

»Wie alt seid ihr eigentlich?« fragte ich.

»Was mich betrifft: Einundvierzig«, antwortete Werner. »Sie ist zehn Jahre jünger.«

»Dann wart ihr sicher etabliert?«

»Wir hatten kein Haus und kein Auto, wenn du das meinst. Aber ich hab' gut verdient.« Er grinste. »Ich war Mathematiker an der Universität.«

»Mein lieber Mann! Warum hast du das aufgegeben?«

Er überlegte und tauschte einen Blick mit seiner Frau. »Ich hatte keine Lust, Karriere zu machen.«

Es wurde still nach diesen Worten, bis Regina uns zu einem Ausflug in die Waitakere-Berge einlud und von einem Skoda erzählte, Baujahr '68, den sie für vierhundert Dollar gekauft hatten.

»Fahren tut er noch«, warnte sie, »aber niemand weiß, wie lange.«

Wir sagten bedenkenlos zu, erschraken jedoch, als wir vor dem Skoda standen. Sein Blech war so verrostet, daß es von den Kotflügeln rieselte, die Sprungfedern der Polster stachen in unsere Hintern, und die Zündung funktionierte erst beim vierten Versuch. Dann aber lärmte das Gefährt los, zu einer roten Ampel. »Neue Autos«, brüllte Werner, »sind sündhaft teuer! Die flicken hier mit Spukke und Kaugummi!«

Die Ampel sprang auf Grün, die Gänge krachten. Wir ratterten durch Wiesen, auf denen Schafe weideten, kamen in die Berge, parkten am Straßenrand und wanderten durch Farnbaumwälder. Auf der Rückfahrt quollen Dampfwolken aus der Motorhaube. Werner stoppte und stieg aus.

»Das Kühlwasser kocht«, stellte er fest. »Besser, ihr geht die Steigung zu Fuß. Ich warte oben auf euch.«

Aber kaum hatten wir den Berg überwunden, da begann der Skoda wie ein Panzer zu dröhnen.

»Wir verlieren was!« schrie Elfriede und schaute aus dem Rückfenster.

»Soll ich halten?!« brüllte Werner. »Vielleicht springt er nicht wieder an!«

»Fahr' weiter!« rief Regina.

Metall kreischte, als bräche der Wagen auseinander. Dann war es plötzlich still. Sprachlos stiegen wir aus und glotzten auf eine Ölspur, die sich fett und schleimig über zerbrochene Metallteile zog.

»Rausgefallen«, stammelte Regina, »der halbe Motor!«

»Verflucht noch mal!« Werner starrte ein schmieriges Etwas an, das bisher zur Kurbelwelle gehört hatte. »Das Mistding sollte uns doch durch Neuseeland bringen!«

Wir schoben das Wrack auf die Grasnarbe und hielten die Daumen 'raus, bis ein Wagen uns nach Auckland zurückfuhr. Abends kamen die beiden in unser Zimmer und brachten zwei Flaschen Weißwein mit.

»Was wird nun mit dem Wagen?« wollte ich wissen.

»Ein Kollege von mir schleppt ihn ab.« Regina verzog ihr Gesicht und schnüffelte.

»Scheußlich, was?« knurrte Elfriede.

»Es mieft.« Regina schaute sich um. »Aber sonst – in Mexiko wären wir begeistert gewesen.«

»Da gab's nur nackte Erde und Mauern«, erklärte Werner, »und Strohsäcke mit Kakerlaken.«

»Und darin habt ihr geschlafen?«

»Es gab nichts anderes.«

»Und wenn ihr aufs Klo mußtet?«

»Dann ging ich hinters Haus«, kicherte Regina, »wie eine von den Bäuerinnen. Die ziehen so viele Röcke übereinander, daß es aussieht, als trügen sie Petticoats. Ab und zu gehen sie in die Hocke, und jedesmal bleibt etwas zurück.«

»Mitten auf der Straße?« Ich glotzte sie an.

»Ja. Aber man gewöhnt sich.«

»Na, ich weiß nicht«, zweifelte Elfriede. »Wir haben zwar ein Klo, aber das Zelt ist mir lieber.«

»Mir nicht«, erwiderte Regina, »im Zelt hör' ich nachts Gespenster.«

»Besser als Kakerlaken.«

»Ach, die tun ja nichts.« Sie grinsten. »Aber auf den Fidschis rasten Wildschweine durchs Camp und schmissen die Mülltonnen um. Die waren wirklich gefährlich!«

»Guter Gott!« Elfriede lachte und warf mir einen Blick zu. »Weißt du noch? Die Kuh in Irland?«

Ich nickte, und sie erzählte von jener Zeltnacht, in der sie von meiner aufgeregten Stimme geweckt worden war...

»Da draußen ist 'ne Kuh!«

»Na und?«

»Sie ist groß! Schau' doch mal!«

Widerwillig kroch sie aus dem Schlafsack, schauerte in der Kälte zusammen und blinzelte hinaus.

»Dahinten, der schwarze Klumpen«, sagte ich und schaltete die Taschenlampe ein.

»Weiß nicht, ob das 'ne Kuh ist«, gähnte sie, »der Klumpen bewegt sich nicht.«

»Bewegt sich nicht? Laß mich mal!«

Und ob der Klumpen sich bewegte! »Der kommt doch direkt auf uns zu!«

Elfriede drängte mich zur Seite, starrte angestrengt hinaus und machte ein besorgtes Gesicht. »Eigentlich sind Kühe ungefährlich. Aber...«

»Was aber?«

»Wenn sie über die Zeltschnur stolpert, könnte sie vor Angst verrückt werden...«

»Scheiße! Die Schnur sieht sie im Dunkeln nicht!«

»Dann geh' einfach 'raus und schau' nach. Vielleicht ist es gar keine Kuh.«

»Geh' du lieber 'raus. Du stammst vom Land!«

Schließlich schlichen wir gemeinsam durch das feuchte Dunkel, sie mit der ausgeschalteten Taschenlampe, ich mit Dolch und Tränengas.

»So nah ist die gar nicht«, flüsterte sie.

Ich schwieg und starrte durch die Finsternis.

»Ist das überhaupt 'ne Kuh?« flüsterte sie wieder. »Die wird ja immer größer!«

Sie knipste die Lampe an. Zuerst sahen wir nichts als erleuchteten Dunst, dann trauten wir unseren Augen nicht, denn am Ende des Lichtstrahls schälte sich zwar schemenhaft, aber unverkennbar ein Baum aus der Nacht...

Im Muffelpuff war es ebenfalls dunkel geworden. Ich zündete eine Kerze an. Plötzlich klopfte es gegen die Scheibe, und eine Männerstimme lallte!

»Hey, Mister, can you open the door?«

»Wer ist das?« flüsterte Regina.

»Ein Ami«, knurrte ich, »unser ehrenwerter Nachbar. Besoffen, wie üblich.«

Ich nahm den Schlüssel, kletterte durchs Fenster und sperrte ihm die Haustür auf. Dann spürte ich, wie warm die Nacht war, und lockte die anderen hinaus. Wir setzten uns auf den Bordstein und tranken den restlichen Wein.

»Wie lange bleibt ihr noch hier?« fragte Werner.

»Morgen geht's weiter«, erwiderte ich.

»Und wohin?«

»Zur Coromandel-Halbinsel. Auf der Karte sieht sie fast unbewohnt aus.«

»Dschungel und Berge«, nickte Regina. »Wenn ihr in die Wildnis wollt, seid ihr da richtig.«

»Kommt doch mit«, schlug ich vor.

»Wir müssen noch arbeiten«, seufzte sie, »aber wir treffen uns bestimmt wieder.«

»Vielleicht.«

»Bestimmt.« Sie stand auf. »Ihr werdet sehen. Wir haben schon viele wiedergetroffen.«

Sie umarmten uns und wünschten uns Glück, winkten vor ihrem Guesthouse noch einmal herüber und verschwanden dann in den Schatten.

Teil II

Im Dschungel
der Coromandel

Erstes Kapitel
Erde und Menschen

Nachdem die Erde entstanden war, wälzten sich Lavameere über ihre Oberfläche und strömten unvorstellbare Hitze aus. Die obersten Schichten kühlten ab und erstarrten zu Basaltgestein, das sich als kilometerdicke Kruste um den Erdball legte. Gase und Dämpfe schossen aus Spalten und Vulkanen hervor und bildeten die Atmosphäre. Urmeere entstanden. Und der Krustenmantel zerplatzte in große Schollen, die langsam von den zähflüssigen Strömungen des Erdinneren bewegt wurden.

Dann, spätestens vor drei Milliarden und achthundert Millionen Jahren, stiegen ungeheure Mengen von Magma empor, quollen als glühende Lavaströme aus Erdritzen und speienden Vulkanen und bedeckten Abertausende von Quadratkilometern mit erstarrendem, neuem Gestein. Und als die Zeiten wieder ruhiger wurden, war das granitene Grundgebirge entstanden, der Sockel der Kontinente, auf dem sie heute noch ruhen. Die Erdkruste war hier bis zu siebzig Kilometer dicker als unter dem Grund der Ozeane.

Vom späteren Neuseeland war noch nichts zu sehen, das künftige Australien jedoch nahm erste Konturen an und schwamm auf einer Scholle dicker Kontinentalkruste über die Erde, wie die anderen Krustenplatten auch. Niemand kann sagen, wie oft sie in den nächsten drei Milliarden Jahren zusammenstießen, Gebirge auftürmten und zerstörten, neues Land aus dem Meer hoben und wieder versenkten. Nach jener weltweiten Explosion schien die

Erde sich lange zu erholen, bis sie vor neunhundert Millionen Jahren erneut zu arbeiten begann und auf ihrer Südhälfte eine ungeheure Landmasse zusammenschweißte, einen Superkontinent aus dem frühen Südamerika und Afrika, Indien, Australien und der Antarktis. Die Wissenschaftler nennen ihn heute Godwanaland, und Australien lag in seinem südöstlichen Teil.

Damals sprangen die ersten Fische auf die toten Lavawüsten und begannen, als Amphibien zu leben. Schüchterne Flechten bedeckten die Mondlandschaft und entwickelten sich zu Wäldern aus Farnen und Schachtelhalmen, bis das Klima erneut verfiel und Gletscher sich über Godwanaland schoben. Als sie wieder schmolzen, traten Urwälder und Sümpfe an ihren Platz. Tonnenschwere Dinosaurier beherrschten für hundert Millionen Jahre die Welt, und die Vögel begannen, die Luft zu erobern.

Gleichzeitig barst hochdrängendes Magma in den Leib des Superkontinentes und riß ihn auseinander. Zuerst brach Afrika ab, dann Indien, Australien und die Antarktis, und als die Herrschaft der Saurier zu Ende ging, wurde ein Randgebirge Australiens zur neuseeländischen Insel, die mit wenigen Zentimetern Geschwindigkeit im Jahr nach Osten zu treiben begann, wie ein Passagier auf seiner Scholle. Alles Lebendige wurde mit in den Pazifik hinausgetragen und sollte sich achtzig Millionen Jahre lang in weltabgeschiedener Einsamkeit entwickeln, bis die Menschen das Land betraten und Tiere und Pflanzen vorfanden, die es nirgendwo sonst auf der Erde gab.

In diesen achtzig Millionen Jahren kroch die pazifische Erdkrusten-Platte Meter für Meter nach Westen, näherte sich der indisch-australischen und prallte mit ihr zusammen, wurde tief hinabgedrückt und im Erdinnern zerschmolzen. Die Kollision türmte ein hohes Gebirge auf und schuf in einem Inferno aus Feuer und Rauch die Coromandel. Und als die Eruptionen nachließen, lagerten in den neuen Steinschichten die Elemente für Kupfer, Silber und Gold.

Das Land an den Flanken des neuen Gebirges versank später im Ozean, und der Hauraki-Golf, der dabei entstand, trennte den Landfinger der Coromandel vom Festland. Dichte Vegetation eroberte Hänge und Täler, die Vulkane erloschen, und ihre verwitterten Zinnen, Pfeiler und Tafelberge prägen heute die Gipfellandschaft über dem Regenwald.

Einem Seefahrer, der sich vor zweitausend Jahren der Coromandel genähert hätte, wären zuerst die Pohutukawa-Wälder aufgefallen, deren Blüten die Küste scharlachrot färbten. Landeinwärts bedeckte subtropischer Regenwald das Gebirge und machte es zur dämmerigen Höhle. Die Vögel lebten hier wie im Paradies, sie kannten keine Feinde, denn das Land hatte sich isoliert, bevor die Säugetiere entstanden waren. Takahe-Rallen und Wekas verlernten das Fliegen wieder, Kiwis und Moas, die noch zu Fuß über Godwanaland eingewandert waren, entwickelten erst gar keine Flügel. Die Moas sahen wie afrikanische Sträuße aus, fraßen soviel Gras wie Ochsen und zogen zu Tausenden durch die Grassteppen und lichten Wälder der Hauraki-Plains.

Dann betraten die ersten Menschen das Land, vor ungefähr 1200 Jahren, und machten die Moa-Jagd zu ihrer Lebensgrundlage. Sie, die frühen Maoris, hatten auf einer Kanufahrt durch die polynesische Inselwelt den Kurs verloren und waren von Strömungen und Winden wochenlang über den Ozean getrieben worden. Sie fanden auf der Coromandel ein Klima, das dem ihrer Heimat ähnelte, lebten von Vögeln und Fischen, Früchten und Farnwurzeln und siedelten in geschützten Buchten, sahen aber davon ab, ihre Dörfer zu befestigen. Es gab so wenig Menschen und so viel zu essen, daß an Krieg nicht zu denken war.

Im Laufe der Zeit geschah es jedoch wiederholt, daß vom Kurs gekommene Kanus nach Neuseeland verschlagen wurden. Die Menschen vermehrten sich, und die Moas wurden selten. Glücklicherweise hatte manches Boot noch Feldfrüchte aus seiner Heimat an Bord, die im frostfreien Klima der Coromandel gut gediehen, und vielerorts brannten die Maoris ihre Küstenwälder nieder, legten Gärten und Felder an und bauten die Dörfer zu Festungen aus. Denn der Wert, den die frischgebackenen Bauern den fruchtbaren Ländereien beimaßen, führte zum Streit, und was als Kampf um Feldfrüchte begann, uferte zu mörderischen Kriegen aus. Das Marutuahu-Volk überfiel die Coromandel, vertrieb und versklavte ihre ursprünglichen Bewohner und verteidigte seinerseits das eroberte Land gegen raubgierige Nachbarn. Mord und Totschlag verheerten den Dschungel, und das Fleisch der getöteten Feinde ersetzte das der verschwundenen Moas.

Um diese Zeit erhielten die Marutuahu den Besuch einer fremden Gottheit, die mit dickem Bauch und geblähter Brust über den Ozean kam und eine Anzahl hellhäutiger Kobolde ausspuckte. Te Taniwha, ein Junge, der später zum Häuptling wurde, fiel vor Schreck fast um, als eines der Wesen einen Holzprügel hob, Blitz und Donner spie und einen Vogel ohne erkennbare Ursache vom Baum stürzen ließ.

Die Marutuahu waren auf den englischen Kapitän James Cook gestoßen, der im Pazifik nach einem legendären Südkontinent suchte und 1769 die Küste Neuseelands entdeckte. Er berichtete nach seiner Rückkehr von fruchtbarer Erde, unermeßlichen Wäldern und Flachs für Tauwerk und Segeltuch, und als ein englischer Sträflingskonvoi auf seiner Fahrt nach Australien sogar Walfische sichtete, da kreuzten binnen kurzem Walfänger und englische Kriegsfregatten vor der Coromandel, überwinterten in den Buchten, luden Holz für Planken,

Spieren und Masten und tauschten Nahrungsmittel ein.

Unterdessen gründeten jene Sträflinge, die den Walen begegnet waren, in Australien eine Kolonie und schickten Händler nach Neuseeland. Big Bill Webster, ein Amerikaner, siedelte sich auf der Coromandel an, heiratete die Tochter des Häuptlings Te Taniwha und gründete eine Station. Die Maoris waren fasziniert von den Produkten der Zivilisation, fällten für altersschwache Musketen und rostige Beile die Urwaldriesen und schleppten sie mit Gesang zu den Schiffen. Die Frauen spannen Flachs für den Handel, junge Krieger heuerten als Matrosen an, und die Häuptlinge entsprachen den Sitten der Gastfreundschaft und überließen ihre Frauen den Weißen für die Nacht.

Sie wurden bitter und brutal betrogen. Die Walfänger und Handelsschiffer führten selbst ein hartes Leben und hatten für die Wilden nicht viel übrig, peitschten die Krieger, die auf ihren Schiffen dienten, entführten und vergewaltigten die Mädchen und rotteten mit Alkohol und Syphilis ganze Dörfer aus. Schließlich schlugen die Coromandel-Krieger zurück und enterten 1806 die Brigg »Venus«, setzten sie in Brand und töteten die Besatzung. Und vier Jahre später besaßen die Maoris an der Bay of Islands[1] endlich genügend Feuerwaffen, um gegen die weißen Räuber Front machen zu können. Statt dessen setzte ihr Häuptling Hongi Hika zur Coromandel über und fiel mit zweitausend Kriegern und achthundert Gewehren über die Marutuahu her, wurde jedoch zurückgeschlagen und bot daraufhin Frieden an. Geschenke wurden ausgetauscht, und die Angreifer bestiegen ihre Kanus, um über den Golf nach Hause zu paddeln, landeten aber im Schutz der Nacht erneut und überraschten die Marutuahu im Schlaf. Tausende Männer, Frauen und

[1] Bucht der Inseln, nördlich von Auckland auf dem Festland

Kinder starben, die Überlebenden verließen das Land, und die Coromandel blieb für eine Weile leer.

Aber Ende der dreißiger Jahre des vorigen Jahrhunderts steuerte kein Schiff mehr Neuseeland an, ohne landhungrige Passagiere an Bord zu haben, und als England die Inseln zur Kolonie erklärte, strömten die Auswanderer in Scharen zu den Schiffen. 1841 wurde Auckland gegründet, wenig später fielen Schwärme von Siedlern in die Coromandel ein, bauten im Küstenland die ersten Farmen und rückten den Kauris zu Leibe, jenen zwei- oder dreitausendjährigen Dschungelriesen, deren Stämme die britische Marine als Schiffsmasten schätzte. Viele Einwanderer fanden im Roden der Wälder einen zwar harten, aber krisenfesten Job, und manche Ortschaft, die heute nur aus verschlafenen Farmen besteht, war damals ein Zentrum des Holzhandels, mit Hotels und Pensionen, Sägemühlen und Saloons, Banken und Bordellen, mit Kaianlagen für Fracht- und Passagierschiffe und sogar einer eigenen Zeitung. Hier kauften die Kaurifäller ihre Ausrüstung, bevor sie auf schlammigen Pfaden in die Berge zogen, eine Lichtung in den Urwald brannten und hölzerne Schuppen zimmerten, mit hohen Anbauten, die als Kamin und Küche dienten. Verkohlte Baumstümpfe blieben stehen und ragten wie riesige Zahnstocher zwischen den Hütten empor, und ein wüstes Gestrüpp aus abgeschlagenen Ästen, Holzsplittern und ungeschälten Stämmen bedeckte die ganze Lichtung. Knüppelteppiche führten zu den Hütten und zum Klo, einem Bretterverschlag am Waldrand, Wäscheleinen spannten sich zwischen den rußigen Stümpfen, Rauch quoll aus den Kaminen, und Hühner und Schweine stöberten umher. Für Monate und Jahre blieben die Kaurifäller hier zu Hause. Sie schafften die gefällten Riesen zu einem Fluß, stauten weiter oberhalb sein Wasser, bis sie es nach schweren Regenfällen zu Tal donnern ließen, wo es die Stämme ergriff und zum Sägewerk an der Küste schwemmte.

Andere Packpferdkarawanen galten dem bernsteinfarbenen Harz der Kauris, das als Rohstoff für Linoleum und Lacke taugte. Die Gum-Digger, wie die Harzsucher hießen, gruben Löcher bis zum Wurzelwerk oder schlugen ihr Beil in die Stämme und ließen sie bluten. Fünftausend Tonnen Kauri-Gum wurden 1870 nach Europa und Amerika verschifft.

Zu dieser Zeit waren Dreiviertel der Coromandel-Wälder bereits vernichtet, aber niemand dachte daran, den Rest zu schützen, im Gegenteil: Ein Sägewerks-Besitzer fand Gold, und Heerscharen von Diggern holzten ab, was vom Dschungel noch übrig war, zerwühlten die Bäche und verwüsteten die Täler, bis sich herausstellte, daß das meiste Gold im Leib der Berge verborgen lag. Da suchten sie Arbeit bei kapitalkräftigen Compagnien, sprengten Stollen und Schächte in die Berge, entrissen ihnen über tausend Tonnen Gold und ließen ein geschändetes Land zurück.

Und die Maoris? Sie hielten Frieden, ausgeblutet von ihren Stammeskriegen, halfen den Gum-Diggern beim Harzsammeln, versorgten die Camps mit Nahrung und öffneten den Goldsuchern ihr Land. Erst 1860, als es längst zu spät war, folgten die jungen Krieger einem Ruf aus dem Süden, wo die Waikato- und Taranaki-Stämme zum letzten Krieg rüsteten, und während dort die Zukunft der Maoris unterging, schritt im Norden die Zerstörung der Coromandel ungehindert fort. Nur die entlegensten Winkel des Gebirges überlebten. Sie wurden schließlich unter Schutz gestellt, und der Regenwald erholte sich.

Zweites Kapitel
Die Wildnis-Wohnung

»Da!« rief Elfriede und zeigte durch eine Lücke im Gewirr der Farnbäume. Unten lag die Talsohle, voller Urwald. Ein Bach schäumte hindurch und blinkte in der Sonne. An seinem Ufer breitete sich eine Lichtung aus.

»Endlich!« Ich wischte mir den Schweiß von der Stirn. »Hoffentlich ist es nicht sumpfig.«

»Meinst du, wir sollten es versuchen?«

»Das ist die erste Stelle in diesem verdammten Urwald, wo wir zelten können!«

Seit gestern mittag, als wir die Häuser an der Küste verlassen hatten, waren wir einer Schotterpiste in den Busch hinein gefolgt, immer am Tararu-Creek entlang. Der fand kaum Platz für seinen Lauf, so schroff stiegen die Berge in die Höhe, und der Dschungel wucherte so dicht, daß wir Äxte und Macheten gebraucht hätten, um einen Lagerplatz freizuschlagen. Schon das Gewicht der Rucksäcke war schwer zu ertragen, zudem aber zogen zwei Taschen voller Lebensmittel uns die Arme lang. Noch bevor die Sonne hinter den Bergen verschwand, gaben wir auf, bauten das Zelt neben der Piste auf und fielen in einen bleiernen Schlaf. Als an diesem Morgen die Lichtung auftauchte, waren wir gut zehn Kilometer in die Berge eingedrungen.

Ich zog meinen finnischen Dolch hervor, versteckte die Rucksäcke im Gebüsch und kletterte den Hang hinab. Die Farnbäume standen lichter, als ihr Kronendach hatte vermuten lassen, aber verfilzte Manuka-Büsche machten ein Weiterkommen bald unmöglich. Ratlos schauten wir uns um und entdeckten einen verborgenen Pfad, der noch von den Kaurifällern oder Goldsuchern stammen mochte und buchstäblich vom Dschungel begraben war. Elfriede schrie plötzlich auf, verschwand hinter einem Vorhang schwankender Wedel, kam wieder zum Vorschein und zeigte mir stacheligen Stechginster. Ich zog zwei Dornen aus ihrem Fleisch und schlug die gefährlichsten Ranken, dick wie gewöhnliche Baumäste, mit dem Messer ab.

Endlich stolperten wir ins Freie und standen am Bach, der Lichtung gegenüber. Felsbrocken lagen im strudelnden Wasser, wie für eine Furt hineingelegt, und das Gras drüben schien trocken zu sein.

»Bleiben wir hier«, schlug Elfriede vor.

Ich runzelte die Stirn. »Man kann uns von der Piste aus sehen.«

»Na und? Wir sind niemandem begegnet. Und wer quält sich schon durchs Dickicht!«

»Also gut«, gab ich zu, »holen wir die Klamotten.«

Mit dem Rucksack brauchte ich länger, um hinabzusteigen, und als ich unten ankam, war von Elfriede nichts zu sehen. Aber ich hörte sie rufen und folgte ihrer Stimme durch einen Wald weißblühender Bäume, bis ich von plötzlicher Helligkeit geblendet wurde. Ich starrte verblüfft auf eine winzige, kreisrunde Lichtung. Farnbaumschirme überlappten sie und filterten die Sonnenstrahlen, und das Blättermeer des Dschungels verbarg sie vor der Außenwelt. Licht und Schatten tanzten, die Luft roch süß nach Blüten, zwei Hummeln schossen umher, und der Bach rauschte unsichtbar hinterm Laub. Die Lichtung war eine Idylle, voller Frieden und verträumt, als wären nie Menschen hier gewesen.

Wir traten soviel Bodenfarn platt, wie nötig war, ließen den Rest unberührt und bauten das Zelt auf. Seine Außenplane zog sich bis zum Boden hinab und umschloß das Innenzelt wie eine Kapsel, wobei ein geräumiger Vorraum entstand. Elfriede kroch hinein, und ich reichte ihr, was nun zu unserem Leben gehörte: Schlafsäcke und Brust-beutel, Dolch, Tränengas und Taschenlampe, Kerze, Klo-papier, Kamera und Regenjacken, die dicken Pullover und Schnuckelchen. Die Rucksäcke und Lebensmittel kamen in den Vorraum, denn seit sich eine irische Bisamratte durch den Zeltboden genagt und unser Brot angefressen hatte, lagerten wir kein Essen mehr im Innenzelt.

Elfriede kam heraus, musterte unser Schneckenhaus und sah für einen Augenblick verzagt aus. Ich legte meinen Arm um ihre Schulter.

»Bedrückt dich der Dschungel?«

»Ein bißchen schon.«

»Das ist das Unbekannte«, meinte ich, »wir werden Stück für Stück davon erkunden.«

Der Bach zum Beispiel war breit, polterte schäumend um Felsen und bildete ein teichgroßes Bassin voll ruhigen Wassers. Ich zog mich aus und tastete mich hinein, und je tiefer ich versank, desto vollkommener entspannte ich mich und begann mit Genuß zu schwimmen. Das Wasser war kühl und belebend, die Sonne drang bis auf den Grund, und der Glanz des Sandes schimmerte herauf. Ich erreichte einen Felsen und schaute zu, wie Elfriede nackt aus dem Blättermeer trat, so frisch und verlockend, daß der Dschungelbach zum Paradies wurde. Als sie auf mich zu-schwamm, entdeckte ich einen Schatten unter Wasser, der sich wie eine Schlange wand; dann aber fiel mir ein, daß es Schlangen in Neuseeland gar nicht gab. Elfriede kletterte auf den Stein, und ihren Körper bedeckten blitzende Trop-fen.

»Schau mal, mit wem du gebadet hast.«

Sie erschrak.

»Es kann ja auch ein Fisch sein«, beruhigte ich sie.

»Es kommt hierher!«

Das seltsame Wesen verließ das Dämmerlicht am tief-sten Grunde des Bassins, tauchte durch einen Sonnenstrahl und enthüllte einen armlangen Leib mit wedelnder

Schwanzflosse. Es schoß geradewegs auf uns zu und glotzte sekundenlang in unsere Augen, nur Zentimeter entfernt. Sein Maul war breit und eingesunken, wie bei einem zahnlosen Greis, und kurze, weiße Borsten wuchsen auf der Oberlippe. Dann tauchte es wieder zum Grund und verschwand zwischen den Uferfelsen.

»Emil«, flüsterte Elfriede, »Emil, der Schlangenfisch. Wir sollten ihn respektieren.«

Also wateten wir zum Ufer zurück und kletterten auf einen großen Felsen. Vielleicht war es unsere Nacktheit, vielleicht auch die Wärme oder die Üppigkeit des Pflanzenwuchses, jedenfalls liebten wir uns wie Adam und Eva und ruhten hinterher in der Sonne. Das Ufer verschwand unter Farnwedeln, Lianen und Schilfhalmen, und die Bäume, die darüber emporragten, senkten ihre Äste so tief aufs Wasser herab, daß mitunter nur eine Blattmauer zu sehen war. Auf unserer Seite hingegen war das Bachbett trocken und wirkte wie ein mit Steinen übersäter Wüstenstreifen.

»Da kommt der Tisch hin.« Elfriede wies auf einen Sandfleck. »Und dort baue ich einen Schreibtisch.«

Wir rutschten am Felsen hinab und turnten übers Ufergeröll, bis Elfriede eine Felsplatte auf einen Stein wuchtete. »Das ist dein Pult.« Aber die Platte wackelte. Elfriede wühlte im Schwemmholz, klemmte sie mit einem Knüppel fest und strahlte über das ganze Gesicht. »Jetzt brauch' ich Steine für den Tisch. Hilfst du mir?«

»Nein. Ich gründe derweil unser Klo.«

»Aber nicht zu nah am Zelt!«

»Ein Pionier scheißt nie neben sein Zelt.«

Ich zog mich an und drang flußaufwärts in ein Farnbaumwäldchen ein, hockte mich unterm Gewölbe der Schirme und zwischen säulenhaften Stämmen hin und genoß die Aussicht auf den Bach. Ein prachtvolleres Klo konnte es nicht geben, und praktisch war es auch, denn vertrocknete Wedel zum Abdecken meines Haufens lagen überall herum.

Als ich zurückkam, wälzte Elfriede einen Stein ins Wasser. »Das wird eine Furt«, keuchte sie, zog mich zum Sandplatz am Felsen und zeigte mir Tisch und Stühle – eine Steinplatte und runde Geröllbrocken. Wir schleppten Lebensmittel und Kochgeschirr herbei und aßen Sauerkraut und Würstchen aus Konserven, denn die mußten weg, das hatte uns der Marsch in die Berge gelehrt. Dann wuschen wir das Geschirr im Bach, verstauten unsere Sachen wieder im Zelt und kletterten noch einmal zur Piste hinauf. Die Sonne schwebte als rote Scheibe über den Bergkämmen und ließ den Farnbaumdschungel in den üppigsten Farben leuchten. Manche Schirme schimmerten golden, so sehr wurden sie vom Licht durchtränkt, andere ragten als Silhouetten vor die Sonne, schwarze Meisterwerke der Symmetrie und Feingliedrigkeit.

Hier oben, wo das Getöse des Baches nur ein fernes Raunen war, füllte der Chor der Vögel das Tal. Amseln und Lerchen sangen, Buchfinken schmetterten und Tropenvögel flöteten, schienen mitunter sogar bauchzureden, denn es klang, als würden im Laub auch Katzen miauen, Türen knarren und Spieluhren laufen. In diesem Märchenland, wo die Natur mit sich im Einklang war und die Gesetze der Menschen nicht mehr galten, waren wir jetzt zu Hause, ganz auf uns allein gestellt, denn soweit wir schauen konnten, war kein menschliches Lebenszeichen im Dschungel zu sehen. Dann versank die Sonne hinter den Bergen, der Urwald wurde still und verschwamm zu dämmerigen Schatten. Die Nacht zog herauf, sternenklar und hell, die Luft kühlte ab. Wir machten uns auf den Heimweg, traten im Talgrund aus dem Dickicht und huschten über den Bach, schlugen im Dunkeln die Zeltplane auf und krochen in die Schlafsäcke. Elfriede brannte eine Kerze an, klemmte sie in die Klopapierrolle und stellte diese in einen Topf, wo sie nicht verrutschen konnte.

»Wie findest du das?«

»Genial!«

Die Flamme tanzte, riesige Schatten huschten über die Wände. Am Kopfende lagen Tagebuch, Kamera und Kleider, Dolch, Tränengas und Taschenlampe, und in den Seitentaschen an der Zeltwand steckten Tabaksbeutel, Feuerzeug und Haarspangen. Draußen schimmerten die Blechtöpfe im Farn, dann senkte sich die Finsternis über unseren Lagerplatz und hallte wider vom Rauschen und Poltern des Baches. Und wenn ein Windstoß über die Lichtung fuhr, kratzten die Farnwedel geräuschvoll an der Plane.

»Lies mir was vor«, bat Elfriede.

»Aus dem Australienbuch?«

»Ja. Das muß jetzt wildromantisch sein.«

Es war eine Sammlung von Reiseberichten aus dem Outback, dem Hinterland, wo Rucksack-Vagabunden ein Abenteuer nach dem anderen erlebten. In den Wäldern und Wüsten lauerten Giftschlangen, Skorpione und tödliche Spinnen, in den Binnengewässern Süßwasser- und in den Meeresbuchten Salzwasserkrokodile. Ein rauher Windstoß packte das Zelt, Flamme und Schatten tanzten. Farnwedel schleiften über die Plane, und der Bach rauschte lauter als gewöhnlich. Elfriede fuhr hoch.

»Das war der Wind«, bemerkte ich.

»Diese seltsamen Geräusche…«

»Das sind die Farnwedel!«

»Ich hab' wilde Tiere gehört.« Sie legte sich zurück. »Diese verdammten Geräusche!«

»Draußen gibt es nichts Gefährliches«, beruhigte ich sie, »weder Raubtiere noch Menschen.«

Sie blies die Kerze aus und kuschelte sich an mich, und ich hoffte insgeheim, daß es so war, wie ich gesagt hatte.

Drittes Kapitel
Wildnis-Gedanken

Die ersten Sonnenstrahlen tasteten über die Lichtung, und Elfriede schlug die Augen auf.

»Herzlichen Glückwunsch«, flüsterte ich.

Sie lächelte verschlafen. »Warum denn?«

»Heute ist der 28. November.«

»Ja und?«

»Heute sind wir drei Monate unterwegs.«

Ich kroch hinaus, stelzte barfuß in die Sonne und streckte mich, denn auf dem harten Boden waren die Gelenke steif geworden. Dann sprang ich in den Bach, aber obwohl das Wasser in der Sonne glänzte, war es so früh am Morgen noch eiskalt. Ich japste nach Luft, platschte zurück und rieb mich trocken, und als die Sonne meine Haut durchdrang, strömte ein berauschendes Gefühl von Frische und Lebendigkeit durch meinen Körper.

Kleider hätten dieses Wohlbehagen nur gestört, also setzten wir uns nackt zum Frühstück nieder. Zwar gab es nichts als Haferflocken mit Kakao, Zucker und Trockenmilch, dann Käsestullen und Kaffee, aber selten hatte uns ein Frühstück so gut geschmeckt, selten war ein Tagesanbruch so verheißungsvoll gewesen. Das Wasser schimmerte goldbraun und klar, die Luft roch würzig, Fingerhut leuchtete in der Morgensonne, und goldene Wedel wehten von den Schilfhalmen.

Elfriede lächelte.

»Woran denkst du?« fragte ich.

»An Berlin.«

Ich war verblüfft.

»An unser Schlafzimmer«, fuhr sie fort, »und an den Hinterhof, erinnerst du dich? Aus einem Fenster klang Radio, aus dem nächsten Babygeschrei und aus dem dritten ein Streit. Und ab und zu donnerten Flugzeuge drüberweg.«

»Wie kommst du jetzt darauf?«

»Weil du sagtest, wir seien drei Monate unterwegs.«

Sie sammelte das Blechgeschirr ein und scheuerte es mit dem Kies des Baches sauber, füllte ein Plastiktüte mit Wasser und begann, Socken und T-Shirts darin zu waschen. Ich schlüpfte in meine Jeans und besetzte den Stein-Schreibtisch, dachte an den gestrigen Abend und schrieb in mein Tagebuch:

»Die Arroganz der Verfasser verdirbt ihre Geschichten. Sie halten offenbar nur die für Menschen, die mit Rucksäcken in die Wildnis ziehen, nicht aber die mit den Koffern und Hotels. Dabei sollte doch jeder auf seine Art und Weise reisen, weil die Menschen nun einmal verschieden sind und die Gesellschaftsreise nach Mallorca dem einen genausoviel bedeutet wie die Tramptour in den Busch dem anderen. Was uns betrifft, so ziehen wir die Fahrt ins Abenteuer vor, allerdings nicht im Sinne des beschränkten Begriffs, den die Buch-Autoren davon haben. Für sie scheint das Abenteuer ausschließlich im Kampf mit Krokodilen und Schlangen zu bestehen, für uns ist es das Abseits-Sein vom Gewohnten, die Auseinandersetzung mit wechselnden und fremdartigen Verhältnissen. Wer wie wir aus Neigung und mangels Geld damit zufrieden ist, was das Ausland ihm bietet, wer nicht den halben heimatlichen Haushalt mit sich schleppt, der wird mit dieser Sorte Abenteuer reichlich belohnt werden, auch wenn er keine einzige Schlange sieht.

Und die Wildnis? Wenn man darunter nicht nur Überlebenskampf versteht, sondern vor allem die Ursprünglichkeit der Natur, ihr Leben und Sterben im eigenen Rhythmus und die weitflächige Abwesenheit menschlicher Behausungen und Hilfsmittel – dann leben wir hier gewiß in der Wildnis. Weit und breit ist der Dschungel sich selbst überlassen, die nächsten Häuser stehen an der Küstenstraße nach Thames, ein halbes Dutzend Berge weit entfernt, und der einzige Arm, der von dort zu uns herausreicht, ist die Schotterpiste, die oberhalb des Lagers endet. Sie ist jedoch nur eine unbelebte Schneise, ohne Einfluß auf den Urwald, der sich zu beiden Seiten in grüner Übermacht erhebt. Und den wenigen Menschen, die auf ihr daherkommen, bleibt nichts anderes übrig, als ihrem gewundenen Lauf zu folgen. Wer abweicht, gerät in eine geheimnisvolle Welt, die ihn zwingt, all seine Gewohnheiten zu ändern, vor allem die, zu denken, er sei Herrscher über der Erde. Hier ist er Untertan.«

Ich schaute auf. Ein amselgroßer Vogel landete auf einem Ast und linste herüber. Jedesmal, wenn er den Kopf drehte, schillerte sein schwarz erscheinendes Gefieder metallisch grün, und unter der Kehle hingen, wie kleine Ballons, zwei weiße Federbällchen. Plötzlich flog er auf mich zu, schwenkte ab und verschwand im Wald. Ich fuhr fort zu schreiben.

»Schlangen, Skorpione, giftige Spinnen und gefährliche Raubtiere existieren hier nicht, existieren in ganz Neuseeland nicht, selbst Mücken sind kaum da. Weder in den Wäldern Skandinaviens noch in den Lavawüsten Islands geschweige denn in Mitteleuropa habe ich ein derart friedliches Leben genossen, aber ich weiß, daß auch diese Wildnis nicht gefahrlos ist. Lehmabstürze an den Berghängen zeugen von Erdrutschen, Regenfälle können den Bach anschwellen lassen und uns so lange festhalten, bis wir nichts mehr zu essen haben. Andererseits, wenn das Wetter so trocken bleibt, kann ein Buschfeuer ausbrechen. Auch ein Sturm, ein zorniges Wildschwein oder ein Sturz mit Knochenbruch sind denkbar, und eines ist uns auf Schritt und Tritt bewußt: daß wir im Notfall keine Hilfe zu erwarten haben.«

»Sitzt du gut?« Elfriede trat zu mir und betrachtete liebevoll ihr Bauwerk.

»Sehr bequem«, lächelte ich. »Aber eins fehlt noch.«

»Was denn?«

»Ein Kaffee. Machst du Wasser heiß?«

»Wenn du den Kaffee holst? Er ist oben.«

Das Zelt unter den Farnbaumschirmen war weit geöffnet und tankte mit allen Poren Sonne. Die nassen Socken und T-Shirts trockneten überm Bodenfarn, Elfriedes Schlafsack lüftete an einem Ast, und das Handtuch hing vom Zeltfirst. Ich schlug in einem Buch nach, identifizierte den Vogel mit den Kehlballons als Tui, einen Ureinwohner des Landes, und kehrte mit dem Kaffee zum Bach zurück. Dort hockte Elfriede auf dem großen Felsen, wie ein Wächter, der zum Schutze unseres Lagers Ausblick hielt. Ich goß heißes Wasser in den Becher, zündete mir eine Zigarette an und schrieb den letzten Absatz:

»Es ist wohl gerade die Abwesenheit gefährlicher Tiere, die unser Leben am Bach so genußreich macht. Wir können uns hemmungslos bewegen, unbehindert von der Angst, können die Wachsamkeit vernachlässigen und alle Sinne auf die Schönheit der Natur und ihre Vielfalt richten. Eine Wildnis mit vermindertem Risiko — was ist das anderes als das Paradies?«

Kaum hatte ich den letzten Satz geschrieben, da bezog sich der Himmel. Vereinzelte Tropfen klatschten auf mein Papier, und ein Donner rollte durch das Tal. Plötzlich fiel dichter Regen, und im Nu waren die Steine naß. »Dein Schlafsack!« brüllte ich, raffte meine Sachen zusammen und stürmte den Pfad zur Lichtung hinauf, wo Elfriede unsere Sachen bereits von den Sträuchern riß. In Windeseile banden wir die Außenplane los. Wir hatten sie kaum gespannt, als aus dem Regen ein Wolkenbruch wurde, und schlüpften gerade rechtzeitig ins Zelt, um nicht bis auf die Haut durchnäßt zu werden. Die Tropfen prasselten aufs Dach, und es war so dämmerig, als bräche die Nacht herein. »Was jetzt?« keuchte Elfriede und versuchte, sich im Knäuel unserer Sachen zurechtzufinden.

»Licht«, brummte ich, brannte die Kerze an und machte es mir im Schlafsack bequem. »Ist doch urig, oder nicht? Wie in einer Steinzeithöhle.«

Elfriede grinste. »Ob die Urmenschen sich was gebraten hätten?«

»Was soll's denn geben?«

»Die Konserve mit dem Fleisch- und Gemüseeintopf. Oder willst du was anderes?«

»Nee. Je eher die verschwindet, desto besser.«

Wir hockten uns im Schneidersitz gegenüber – eine anstrengende Stellung, wenn man kochen muß. Elfriede rührte um und würzte das Essen mit Salz und Pfeffer, während ich den Topf mit dem Blechgreifer festhielt, damit der Kocher nicht umfiel. Als mein Arm erlahmte, wechselten wir uns ab. Und als meine Beine einschliefen, legte ich mich auf die Seite und aß den Eintopf auf römische Art. Das Prasseln der Tropfen auf dem Dach hielt unterdessen an, kein Vogelruf erklang, und selbst der Lärm des Baches war nicht mehr zu hören.

Nach dem Essen füllte Elfriede ihre Wärmflasche, kuschelte sich in den Schlafsack und las. Ich schrieb Tagebuch, fand aber keinen Spaß daran, denn ob ich auf den Knien oder im Schneidersitz hockte oder auf dem Bauch lag – immer taten mir nach kurzer Zeit die Knochen weh. Endlich, gegen Abend, klatschten die Tropfen spärlicher herab, und im Zelt wurde es hell. Auch der Bach rauschte wieder. Ich zog Stiefel und Regenjacke an und kroch hinaus, während Elfriede in der Wärme ihres Schlafsacks zurückblieb.

Der Pfad bestand nur noch aus Matsch und Pfützen, aber immerhin – unsere Bauwerke am Ufer waren unversehrt. Die Sonne brach durch, tief über den Bergen im Westen, schickte kupferne Strahlen ins Tal und ließ den nassen Dschungel glänzen. Das Laub schillerte in hundert

Nuancen von Grün, die Schilfwedel leuchteten golden, der Fingerhut glühte, und der Schaum auf den Stromschnellen glitzerte wie Schnee. Der Bach gleißte im Gegenlicht, schwarze Bäume rahmten ihn ein, umhüllt von Mänteln aus silbrigem Dunst, und die Luft darüber flimmerte und flirrte.

Ich saß da, ohne mich zu rühren, und ließ die Stimmung auf mich wirken. Träumerisches Wohlbehagen lag über dem Tal, wie eine sanfte Droge, und ich spürte zutiefst, daß ich lebte, daß ich nicht mehr, aber auch nicht weniger war als der Felsen, auf dem ich saß, oder das Wasser, das zu meinen Füßen floß. Die Natur in ihrer Unberührtheit erlaubte mir, dem Menschen, keine Sonderrolle mehr. Ich schwang in ihrer Stimmung mit und fand für einen Augenblick zu ihr zurück – über zwei Jahrtausende Kultur und Zivilisation hinweg.

Die Sonne versank, Rosa wurde zu Purpur. Der Bach floß blutig durch den schwarzen Wald und murmelte an den Felsen, gluckste und gurgelte, wenn er sich in Strudeln drehte, und rauschte durch die Schnellen: Welch ein Reichtum an Farben, Tönen und Bewegungen – und doch nur ein verschwindend kleines Detail in der Vielfalt der Welt. Seit Monaten schon glich keiner unserer Tage dem anderen, jeder brachte etwas Neues, das wir nicht gewohnt waren, etwas Überraschendes, das wir nicht erwartet hatten, etwas Spannendes, das uns erregte. Vorgestern noch hatten wir eine Stadt erforscht, die anders war als alle uns bekannten Städte, heute lebten wir im Regenwald, und morgen würden wir vielleicht auf ein Eingeborenendorf stoßen oder einen Vulkan, einen Südsee-Strand, ein unbewohntes Hochgebirge... Woher sollte ich heute schon wissen, was uns morgen erwartete? Es war eine Lust, o ja, es gab nichts Aufregenderes, als ziellos durch die Welt zu ziehen und zu nehmen, was sie in ihrer Fülle bot.

Das Purpur am Himmel verblaßte, und die Nacht zog herauf. Die Luft kühlte ab und würde mich bald ins Zelt treiben, aber ich konnte ja morgen wiederkommen, wenn ich wollte, niemand zwang mich, das Tal zu verlassen. Ich war frei — so vollkommen frei, wie nur ein Vagabund sein kann: niemandem untergeben, von niemandem abhängig, an keinen Vertrag und keine Zeit gebunden. Mein Leben lag in meinen Händen, und während ich der Mondsichel zuschaute, wie sie im Osten über die schwarzen Bergkuppen kletterte, erschien es mir seltsam unwirklich, daß dies nicht immer so gewesen war, daß Fremde meine Arbeit bestimmt hatten und damit meine Zeit und mein Leben. Ich sah mich morgens aufwachen, ohne Neugier auf den neuen Tag, denn ich wußte ohnehin, was mich erwartete: tausendmal Gesehenes und zur Bewegungslosigkeit erstarrte Gewohnheit. Tag für Tag ging ich zur selben Arbeit. Nacht für Nacht schlief ich im selben Bett. In regelmäßigen Abständen traf ich dieselben Leute, saß in denselben Kneipen und sprach über dieselben Dinge. Was heute passierte, war auch gestern schon geschehen und würde sich morgen wieder ereignen. Die Tage unterschieden sich in nichts, außer in ihrem Datum. Lief aber doch einmal etwas anders als sonst, so erwies es sich bei näherer Prüfung als bloße Variante des Gewohnten.

Wie eintönig und leer, wie saft- und kraftlos war solch ein Leben — und wo führte es hin? Ich sah die Gestalten meiner älteren Kollegen sich versammeln, Menschen, die aus der Routine ihrer Tage ausbruchsichere Gefängnisse gemacht und ihre Freiheit für festen Lohn verkauft hatten. Kein Risiko — das war der Sinn ihres Lebens gewesen. Und jetzt, im Alter, trauerten sie dem Versäumten nach, aber das half ihnen nichts. Sie würden kein zweites Mal geboren werden.

Ich schauerte zusammen, nicht nur vor Kälte, und rutschte am Felsen hinab. Der Bach blinkte schwach im Sternenlicht, aber unter den Bäumen war es so finster, daß ich gegen einen Stamm prallte. Er fühlte sich rauh und haarig an, und ich war froh, als Kerzenlicht durch die Nacht fiel. Ein bleicher Schein lag über der Lichtung, und unzählige Sterne funkelten am tintenschwarzen Himmel. Ich starrte zu ihnen hinauf und spürte, wie ich mich in den glitzernden Weiten zu verlieren begann. Welch eine Macht! Wie eisig und gleichgültig! Für sie war ich ein Zwerg, der nicht der Rede wert, ja nicht einmal erkennbar war, und doch erfüllte mich Dankbarkeit, daß es mich gab. Und als eine Sternschnuppe durch das Lichtmeer huschte, schloß ich die Augen und wünschte, mein Leben möge so weitergehen — voller Freiheit und Bewegung. Dann kroch ich ins Zelt, fröstelnd, aber glücklich.

Viertes Kapitel
Die Dschungel-Wanderung

Am Morgen packten wir unseren Tagesrucksack, schnürten die Stiefel und kletterten zur Piste hinauf. Dort verschwand ein Pfad in den Farnbaumwäldern, so schmal, daß wir im Gänsemarsch gehen mußten; er stieg am Berghang empor und führte zu einem Erdrutsch, der freie Sicht ins Tal bot. Unten überragte ein einzelner Baum die Kronen seiner Nachbarn wie ein Turm die Dächer einer Stadt, größer und gewaltiger als alle, die wir bisher gesehen hatten — ein wahrer Gigant von fünfzig oder sechzig Metern Höhe. Seine Äste waren so dick wie normale Stämme und reckten sich über die Wipfel anderer Bäume hinweg, während Moos und Farnwedel, Schlingpflanzen und mannshohe Büsche in seinen Gabelungen wucherten. Je länger ich ihn betrachtete, desto mehr kam er mir wie ein alter und weiser Mann vor, der niemanden in seine Einsamkeit hineinließ, weder die Pflanzen, die seinen Ästen Gesellschaft leisteten, noch die Bäume, die ihn umstanden. Sie waren wie Eintagsfliegen, die ein paar Jahrzehnte oder Jahrhunderte lebten, er aber verkörperte eine Zeit, in der das Land noch menschenleer gewesen war.

»Wie alt er wohl sein mag?« murmelte Elfriede.

»Achthundert Jahre«, vermutete ich, »oder tausend...«

»Schade, daß er nicht sprechen kann.«

Ja, dachte ich, welch einzigartige Geschichten könnte er erzählen, von Maoris, die unter seinem Dach den kleinen Moa gejagt hatten, von Überfällen und kannibalischen Festen, von Gum-Diggern und Goldsuchern. Das Klima war kälter und wieder wärmer geworden, die Moas und Maoris waren verschwunden, und Stürme, Buschfeuer und Überschwemmungen hatten seine Brüder vernichtet – er aber war geblieben und würde auch die beiden europäischen Würmer überleben, die ihm da gegenüberstanden, zu bedeutungslos, um in seinem Jahrtausend-Gedächtnis eine Spur zu hinterlassen. Er war stumm, und doch sprach aus ihm die Geschichte der Coromandel, von jenen Tagen an, in denen nur Vögel hier gelebt hatten. Er war ein Rimu, der Vorbote einer uralten Wildnis.

Wir hatten das Herz des Dschungels erreicht und wurden mit solcher Wucht in die Zange genommen, daß alles, was wir jemals an Wald gesehen hatten, dagegen verblaßte. Vom Boden bis weit über unsere Köpfe herrschte ein phantastisches Chaos aus Trieben, Schößlingen und Büschen, aus Laub- und Farnbäumen aller Art, aus Tausenden und Abertausenden kleinerer Urwaldpflanzen, die auf engstem Raum verzweifelt um Licht kämpften. Wer zu schwach war, blieb unten, und wer unten blieb, verhungerte oder wurde zerquetscht. Jeder drängte jeden zur Seite, preßte ihn nieder, überkletterte ihn, brach ihm das Genick oder erdrückte oder erwürgte ihn. Millionen Leichen verwesten zu schwarzem Brei, und junge Bäume, die das Gewicht ihrer Schmarotzer nicht mehr ertrugen, brachen zusammen, ohne je die Sonne gesehen zu haben. Tausendfacher, lautloser Mord wurde an den Seiten unseres Pfades begangen, grausam und doch lebenswichtig, denn nur so überleben die Stärksten, und nur so überlebte der Dschungel. Kein Mensch, und war er noch so erschüttert, hatte das Recht, in diesen Kreislauf einzugreifen.

Es war unmöglich, das Knäuel der verfilzten Pflanzen zu durchblicken. Moospelze und Efeuranken umhüllten die Stämme, Schlingpflanzen fielen in dichten Schleiern herab, Flechten hingen wie zerzauste Bärte von den Ästen, und Lianen verschlangen sich zu taudicken Zöpfen, die wie Riesenschlangen zur Erde baumelten. Die Stämme der

Rimu, Totara und Matai brachen wie Dinosaurier der Pflanzenwelt durch dieses Wirrwarr, verdunkelten mit ihren Kronen den Wald und schufen dämmerige, feuchte Höhlen, die nach Moder und Verwesung rochen. Bäche quollen aus dem Laub und benutzten unseren Pfad als Bett, Riesenwurzeln führten wie Treppenstufen bergauf, und der Matsch verfaulender Blätter stieg mitunter bis zu den Knöcheln. Unentwegt dröhnte der Gesang der Zikaden, und manchmal tönten die dämmerigen Höhlen wie ein tropisches Vogelhaus — aber nichts zeigte, nichts bewegte sich, der Dschungel blieb unergründlich.

Wir waren froh, als endlich Helligkeit durch die Zweige schimmerte. Wir stießen auf die Abbruchkante einer Bergwand, die als Opfer eines Erdrutsches in die Tiefe gestürzt war, und blickten überrascht in einen Talkessel hinab. Schroffe Berge umklammerten ihn von allen Seiten, und jede Handbreit Erde verschwand unter den Kronen der Dschungelriesen, einem wogenden grünen Meer, das bis hinauf zu den Gipfeln reichte, nirgends zerschnitten von Straßen und ungestört von Häusern. Nicht einmal Wiesen unterbrachen das Laubdach, und die Einsamkeit, die über dem Land lastete, war so gewaltig, daß wir uns an den Händen faßten.

Ich zeigte nach unten, auf eine Insel hellgrüner Farnbaumschirme. »Sieht aus wie eine alte Lichtung.«

»Maoris?«

»Wohl kaum. Eher Kaurifäller.«

»Sieh' mal!« Sie packte mich am Arm. »Die weißen Punkte da auf der Erdrutsch-Schneise! Was ist das?«

»Was soll das sein? Felsbrocken natürlich.«

»So?!« rief sie. »Seit wann bewegen Felsen sich denn?!«

Ich schraubte das Teleobjektiv auf die Kamera, schaute hindurch und traute meinen Augen nicht: »Das sind ja... Sind das etwa Hirsche?«

Sie nahm mir die Kamera aus der Hand.

»Was siehst du?« drängte ich.

»Ziegen!«

Sie hatte recht. Es waren neunzehn Böcke, Geißen mit Lämmer, die meisten weiß, ein Lamm kohlschwarz, zwei Böcke mit Korkenzieher-Hörnern.

»Wildziegen«, flüsterte ich, »Captain Cook soll welche dabei gehabt haben. Ein paar sind damals entkommen.«

»Dann leben sie im Dschungel?«

»Ja. Wie unser Schlangenfisch. Aber sie werden bejagt und sind sehr scheu.«

Tief im Innern der Wälder jedoch gaben sie alle Vorsicht auf. Die Lämmer rannten in wilder Jagd über die Schneise, und zwei erwachsene Ziegen schritten in entgegengesetzten Richtungen davon, sprangen plötzlich mit allen Vieren in die Luft, warfen sich im Sprung herum und stürmten mit gesenkten Köpfen aufeinander los, krachten zusammen und schoben und drückten aus Leibeskräften – nur um unversehens voneinander abzulassen und Gras zu rupfen. So brutal ihre Kämpfe auch wirkten, sie achteten darauf, sich nicht zu verletzten.

Elfriede stand auf und streckte sich. »Ich möchte mir ein bißchen die Beine vertreten.«

»Tu das«, erwiderte ich, »ich bleibe hier.«

»Paß auf, daß du nicht 'runterfällst!«

»Paß du lieber auf, daß du dich nicht verirrst. Nimm' das Messer mit.«

»Wozu?«

»Das kann man vorher nie wissen.«

Widerstrebend ließ sie sich den Dolch in die Hand drücken und verschwand im Laub, folgte dem Pfad und geriet in grünlich schillernden Morast. Da waren sie wieder – die dämmerigen Höhlen im Reich der kämpfenden Pflanzen, wilder und unergründlicher denn je. Und da! Da kreischte eine Stimme, durchdringend wie ein Alarmsignal! Sie kam aus den Tiefen des Waldes, wo sich alles mögliche zusammenbrauen konnte. Ob sie nicht doch besser umkehren sollte? Aber das war ja lächerlich! Es war doch ein Vogel,

oder? Sonst lebten ja nur Ziegen hier, entlaufene Ziegen...
Sie packte den Dolch fester und versuchte, das Pflanzenge-
tümmel mit den Augen zu durchdringen, bog um eine
Windung und prallte zurück. Ein Schrei stieg ihre Kehle
hoch, kam jedoch nur unterdrückt heraus, denn die
Schlange, die da hing, verwandelte sich rasch in ein Lianen-
bündel. Sie konnte nicht gleich weitergehen und mußte
sich erst klarmachen, daß es keine Schlangen in Neuseeland gab... Aber Herrgott! Wie sollte sie das glauben,
wenn alles wie ein Schlangenland aussah! Hier war die grüne Hölle, der üppige, feuchte Regenwald, und nicht nur
Schlangen paßten da hinein, auch Spinnen auf schwarzen,
haarigen Beinen und Krokodile, die wie Baumstämme im
Laub lagen... War da nicht ein Rascheln gewesen, dicht neben ihr? Nicht hinhören, warnte eine innere Stimme, aber
sie hörte natürlich doch hin und blieb sogar stehen.

Nirgendwo raschelte etwas, auch die Vögel und Zikaden
waren verstummt. Der Urwald schien im Dämmerlicht erstarrt zu sein, und sie wurde das Gefühl nicht los, belauert
zu werden, zog den Dolch und schlich um die nächste Bie-
gung. Ein Schatten taumelte auf, ein Kreischen zerriß die
Stille, es prasselte und pfiff – und sie schrie auch und jagte
wie von Furien gehetzt zurück. Zweige rauschten, Äste
krachten, Lianen langten nach ihren Beinen, und ein mark-
erschütternder Schrei erscholl. Sie fiel vor Schreck beinahe hin, entdeckte für den Bruchteil eines Augenblicks be-
malte Fratzen im Gebüsch und floh wie ein verängstigtes
Tier, die Augen starr, die Nackenhaare gesträubt. Dann
fiel ihr auf, daß die Äste unter ihren eigenen Sprüngen zer-
krachten. Keuchend fuhr sie herum, den Dolch fest in der
Faust. Aber da waren nur die leeren, dämmerigen Höhlen.
Sie hatte fast die Stelle erreicht, wo sie den Pfad verlassen
mußte.

Ich erschrak und nahm sie in die Arme. Verstört erzählte
sie, was vorgefallen war, und betastete eine blutige
Schramme im Gesicht. »Ist sie schlimm?«

»Ach was«, beruhigte ich, »sie wird bald verheilen. Aber dieser Schrei, war der auch Einbildung?«

»Nein, der war echt.«

»Und du weißt nicht, wer geschrien hat?«

»Ich hab' sowas noch nie gehört.«

»Seltsam«, murmelte ich. »Aber wie dem auch sei, wir müssen zurück.«

Die Sonne stand schon tief, und wir legten ein flottes Tempo vor, bis Elfriede plötzlich stehen blieb.

»Da ist es wieder!«

Unter dem Wipfeldach im Tal schrie irgendein Tier; es wieherte wie ein Pferd und röhrte zugleich wie ein Hirsch.

»Klingt nach was Größerem«, flüsterte ich.

»Wildschwein?«

»Nein.«

»Was dann?«

»Keine Ahnung!«

Unbehelligt erreichten wir unser Lager, aßen im Zelt und krochen in die Schlafsäcke. Draußen wurde es dunkel, Schatten tanzten in der sanftbewegten Luft, der Bach rauschte, und Farnwedel kratzten über die Plane. Ich schlief ein, wachte jedoch gleich wieder auf und sah Elfriede aufrecht im Schlafsack hocken.

»Ich muß pinkeln«, brummte der Schattenriß.

»Dann tu's doch!«

»Ich trau' mich nicht 'raus.«

»Ach was! Die Menschenfresser-Zeiten sind vorbei!«

Ich knipste die Taschenlampe an und sandte ihren Schein über die Lichtung. Elfriede kroch hinaus, dann hörte ich sie rufen.

»Mach' die Lampe aus! Schnell!«

Finsternis und Stille, nur der Bach lärmte.

»Was ist?« zischelte ich.

»Lichter.« Und gleich darauf ein unterdrückter Ausruf: »Taschenlampen!«

In Windeseile befreite ich mich vom Schlafsack, griff nach Brille und Dolch und schlüpfte hinaus. Elfriedes Schatten winkte mir.

»Siehst du die schwarze Fläche dahinten?«

»Der jenseitige Berghang.«

»Am unteren Rand... Siehst du?«

Drei leuchtende Flecke, groß wie Fünfmark-Stücke.

»Da!« stieß sie hervor. »Sie bewegen sich!«

»Das schau' ich mir näher an!« knurrte ich.

»Du weißt doch gar nicht, was es ist! Und sehen kannst du auch nichts!«

»Komm' mit!«

»Laß uns lieber ins Zelt gehen und die Sache vergessen!«

Ich fluchte. »Das kann ich nicht!«

»Dann tu' doch, was du willst!«

Enttäuscht suchte ich nach dem Pfad, sorgsam darauf bedacht, nicht wieder mit unsichtbaren Bäumen zu kollidieren, trat unten an den Bach und blieb wie gebannt stehen. Sechs große Augen glühten am Ufer, ohne sich vom Fleck zu rühren. Was Elfriede für Bewegungen gehalten hatte, war phosphoreszierendes weißblaues Licht. Tieraugen oder Taschenlampen konnten es also nicht sein, was aber dann? Faulholz! schoß es mir durch den Sinn. Leuchtete Holz nicht manchmal, wenn es verweste? Und drüben, in diesem verschlungenen Dschungel, lagen Massen von Faulholz!

Beruhigt kehrte ich zurück und erklärte die Lage. Wir legten uns wieder hin, bis ein Schauer niederprasselte und mich erneut aus dem Zelt trieb. Ich tappte durch Tropfen und nassen Farn, schloß die Außenplane, kroch zitternd vor Kälte zurück und verwünschte meine selig schlummernde Frau. Ununterbrochen trommelte der Regen aufs Dach, an ruhigen Schlaf war nicht mehr zu denken.

Fünftes Kapitel
Steve, der Pionier

Nach einer Woche gingen die Lebensmittel zur Neige, übrig blieben ungesüßte Haferflocken mit Trockenmilch, und am zweiten Tag dieser Diät betrachtete Elfriede trübsinnig den bleichen Brei in ihrem Blechnapf und erinnerte sich an eine bessere Vergangenheit.

»Weißt du noch? Die ›Hexenküche‹?«

»Schleck! Schweinebraten mit Kartoffelklößen!« Das Wasser lief mir im Mund zusammen.

»Und dein Labskaus!« rief sie. »Mit Rollmöpsen und Essiggurken! Ach, Essiggurken! Dafür könnte ich meine Seele verkaufen! Ich schwöre dir, beim nächsten Mal nehme ich Gemüse mit, sonst kriegt man ja Skorbut!«

Bis auf den Nahrungsmangel war uns das Leben unter freiem Himmel zur lieben Gewohnheit geworden. Die Pfade waren ausgetreten und begehbar, das Rauschen des Baches nahmen wir schon nicht mehr wahr, und der Urwald hatte seit der Sache mit den Phosphor-Augen keinen Streich mehr ausgeheckt. Wir lebten unbekümmert in den Tag hinein, taten, wozu wir Lust hatten, genossen die paradiesische Ruhe und paßten uns dem Rhythmus der Wildnis allmählich an: gingen schlafen, wenn die Nacht begann, aßen, wenn wir Hunger hatten, und gewöhnten uns daran, mit Wind und Wetter zu leben. All die Pflanzen und Steine, mit denen wir täglich zu tun hatten, das Wasser, die Vögel und das Licht existierten ja unabhängig von unserem Willen, mit einer Kraft, die so alt war wie die Erde, und es war kein Wunder, daß ihr Einfluß uns veränderte. Die Bäuche verschwanden, die Haut wurde braun, und Muskeln und Selbstbewußtsein wuchsen. Ich fühlte mich sehr ruhig und gleichzeitig so intensiv ins Leben verwickelt wie seit meiner Kindheit nicht mehr, vermißte weder Alkohol noch Haschisch, weder den Kontakt zu anderen Menschen noch die kulturellen Vergnügungen, die mir sonst so viel bedeutet hatten. Und je öfter ich darüber nachdachte, desto widernatürlicher erschien mir unser früheres Leben. Berlin hatte mich krank und nervös gemacht, denn diese steinerne Welt, die ohne Hilfe und Willen des Menschen nicht funktionierte, folgte keinen natürlichen Gesetzen mehr und brachte ihre Bewohner dazu, jeden Kontakt mit der Erde aufzugeben. Was mich betraf, so hatte ich ein Quantum Drogen im Blut jahrelang für den Höhepunkt an Lebensintensität gehalten, aber hier, in der Wildnis, erwies er sich als erbärmlich flach. Hier tat jeder Ton und jede Farbe meinen Sinnen wohl, und es fiel mir schwer zu begreifen, wie ich jemals in der Großstadt hatte existieren können.

»Wart's ab«, pflegte Elfriede an diesem Punkt zu bemerken, »wenn wir zurück sind, laden deine Freunde dich wieder in die Kneipen ein.«

»Mag schon sein«, erwiderte ich dann, »nur wird mir das weniger bedeuten.«

»Wollen's hoffen!«

»Bestimmt.«

Und schließlich, am letzten Nachmittag, begegneten wir auch einem Menschen auf der Piste, einem Mann in unserem Alter, muskulös und braungebrannt, in Shorts und buntkariertem Wollhemd. Er musterte uns freundlich und wies mit einer Kopfbewegung auf die Bergstiefel.

»Gewandert, was?«

»Nicht direkt«, antwortete ich, »wir leben hier.«

Das schien ihn sehr zu überraschen, denn er blieb stehen und starrte uns ungläubig an.

»Im Zelt«, erklärte ich, »auf einer Lichtung.«

Er pfiff durch die Zähne. »Aus der Gegend seid ihr aber nicht?«

»Nein. Aus Deutschland.«

»Oha! Ich heiße Steve. Herzlich willkommen!«

»Danke. Bist du denn aus der Gegend?«

Er wies mit der Hand in die Bergwildnis. »Kommt mit! Ich zeige euch mein Heim.«

»Im Dschungel?« rief Elfriede erstaunt. »Wir dachten, hier lebt kein Mensch!«

»Außer mir tut das auch niemand.«

Er ging voraus, die Piste hinab, zwängte sich seitwärts durch die Büsche und folgte einem verborgenen Pfad bis zu einem Bach, der durch eine dunkle und moderige Schlucht floß. »Hier fällt wohl keine Sonne herein«, bemerkte ich.

Steve warf mir einen sonderbaren Blick zu. »Der Ort ist nicht geheuer.«

»Warum?«

Er sah die Neugier in unseren Augen, schüttelte abweisend den Kopf und bückte sich, um einen Schlauch zu prüfen, der aus der Schlucht kam und fortan den Pfad begleitete. »Meine Wasserleitung«, erklärte er und ging weiter.

Plötzlich wich der Dschungel zurück, und vor uns lag, vom Ring der Bäume eingeschlossen, das Anwesen eines modernen Pioniers – ein primitives Stück Kultur in der Wildnis. Abgeschlagene Äste, von der Axt zersplitterte Baumstümpfe und Stapel gefällter Stämme bedeckten die Lichtung, und ein Caravan mit Vorzelt bildete ihren Mittelpunkt. Zwei Autowracks, eine Arbeitsbank mit Werkzeug, Drahtrollen und Wassertonnen, ein Stromgenerator und eine Badewanne sowie die Feuerstelle mit Bratrost und rußigen Töpfen lagen verstreut unter freiem

Himmel. Ein paar Hühner stolzierten umher, zwei Ziegen weideten am Waldrand, Schweine grunzten in einem derben Bretterstall, und ein Schäferhund sprang kläffend herbei, rieb sich an den Beinen seines Herrn und bedachte uns mit mißtrauischen Blicken.

»Was bist du, Steve?« entfuhr es mir. »Kaurifäller oder Goldsucher?«

Er lachte und schlug mir auf die Schulter. »Ich mag den Regenwald, old boy, das ist alles.«

»Aber wie hast du den Caravan und all das Zeugs hierher geschafft?«

Er zeigte auf den Rand der Lichtung, wo eine ausgewaschene Fahrspur im Wald verschwand. »Meine Verbindung zur Außenwelt. Ein Auto habe ich übrigens auch, aber das ist augenblicklich in Thames.«

Wir betraten das Vorzelt, wo Eisschrank und Tiefkühltruhe standen, stiegen die Stufen zur Wagentür hinauf und blieben staunend stehen, denn ein solches Maß an Gemütlichkeit hatten wir in der Wildnis nicht erwartet. Weiße Gardinen hingen vor den Fenstern, und Kissen mit bunten Stickereien schmückten die Schlafbänke. Wildschwein-Felle bedeckten den Boden, und eine Vase mit Trockenblumen stand auf dem Tisch. »Bist du verheiratet, Steve?«

Er nahm einen Rahmen von der Wand und zeigte uns das Porträt einer lächelnden Polynesierin. »Mary ist leider nach Thames gefahren... Wollt ihr ein Bier?«

»Das wäre wunderbar!«

Er verschwand im Vorzelt und kam mit Gläsern und einem Tonkrug zurück. »Ihr Leute aus Deutschland versteht doch was von Bier, nicht wahr? Ich brau' es nämlich selbst.«

Es schmeckte herb und war trüb. Ich trank das halbe Glas leer und beugte mich zu ihm hinüber. »Ich will dir mal was sagen, Steve: Du bist zu beneiden!«

Er lachte. »Wegen des Bieres?«

»Überhaupt. Wie du hier lebst, das wäre in Deutschland unmöglich.«

»So? Warum?«

»Weil es bei uns keine Wildnis mehr gibt.«

»Keine Wildnis mehr?« fragte er verständnislos. »Na, bei uns gibt's davon mehr als genug. So ungewöhnlich ist das gar nicht, was ich mache. Drüben im Kauaeranga-Tal haust Billy Joe und jagt Opossums, und weiter drin in den Bergen sucht der alte McPherson immer noch nach Gold.«

»Und was tust du?« fragte Elfriede.

Er schmunzelte. »Ich kriege siebenhundert Dollar Arbeitslosengeld, verkaufe außerdem das Holz und baue mir und meiner Frau ein Haus.«

»Dann ist der Caravan nur provisorisch?«

»Ja. Solange wir roden müssen. Aber dann baue ich ein Holzhaus mit Veranda, großen Fenstern und Kamin — das schönste Haus der Coromandel!« Er lachte und schlug sich auf die Schenkel. »Es wird ein Palast, sage ich euch, ein Schloß im Regenwald, und wenn wir auf der Veranda den Sonnenuntergang genießen, dann hab' ich alles, was ich will!«

»Und das geht so einfach?« staunte Elfriede. »Ich meine, niemand hat etwas dagegen, daß du dein Haus mitten in die Wildnis stellst?«

»Wie sollte er? Der Berghang gehört mir.«

»Was!« rief ich. »Mit all dem Dschungel, der Schlucht und dem Bach?!«

»Drei Bäche, old boy, drei Bäche.« Er lächelte stolz. »Ich kaufte das Land vor zehn Jahren, für 25 000 Dollar, auf Kredit. Und jetzt ist alles abbezahlt.«

»Elfriede«, stöhnte ich auf deutsch, »das sind 50 000 Mark für einen halben Berg!«

Steve sah uns fragend an.

»Dafür könntest du in Deutschland nicht mal eine Wohnung kaufen«, erklärte ich. »Die Berge sind bei uns den Millionären vorbehalten.«

»Ihr habt kein Land?« Jetzt war er es, der große Augen machte. »Wo wohnt ihr denn dann?«

»Die meisten wohnen übereinander«, bemerkte Elfriede, »in sogenannten Mietsilos.«

Er schüttelte mißbilligend den Kopf. »Das gibt's ja nicht mal in Auckland!«

»Hast du dort gelebt, Steve?«

Er nickte grimmig. »Viel zu lange.«

»Wieso?«

»Viel zu dreckig, viel zu laut und nervös...« Er unterbrach sich und horchte. Draußen schlug wütend der Hund an. Steve sprang auf und eilte hinaus.

»Das dreckige Auckland!« Elfriede kicherte. »Was der wohl zu Berlin sagen würde!«

»Horch!«

Der Hund bellte wie rasend, und Steve fluchte. Dann kam er schimpfend herein.

»Die verdammten Opossums! Und die verdammten Hühnereier! Wenn der Hund nicht wäre, dann...«

»Was sind Opossums, Steve?« unterbrach Elfriede.

»Pelztiere. Niedliche Viecher, aber sie klauen dir den Speck aus der Pfanne, wenn du nicht aufpaßt.« Er nahm eine Schrotflinte aus dem Schrank. »Damit schieße ich sie.«

»Und die hier?« Ich deutete auf die Wildschwein-Felle am Boden.

»Die auch.« Er griff nach einem schweren Gewehr. »Senkt meine Lebensmittelkosten.«

»Du verkaufst ihr Fleisch?«

»Nein. Ich töte nicht gern. Ich schieße nur soviel, wie ich zum Essen brauche.«

Er zündete eine Petroleumlampe an, denn draußen wurde es dämmerig. Der Hund bellte, und das Knattern eines Motorrades näherte sich der Lichtung. Dann ging die Tür auf, und ein Mann mit schwarzen Locken und Vollbart blieb wie angenagelt auf der Schwelle stehen.

»Keine Angst, Harry«, sagte Steve. »Das sind zwei Freunde aus Germany.«

Ein Ausdruck der Erleichterung huschte über das Gesicht des Bärtigen, und er schüttelte uns die Hände. Dabei tauschten beide einen sonderbaren Blick.

»Okay, Steve«, brummte Harry, »du weißt, warum ich hier bin. Ich hab' nicht viel Zeit.«

»Typisch Städter«, murrte Steve. »Kaum ist er da, will er schon wieder weg.«

»Ich hab' versprochen, heute nacht zu liefern. Das weißt du genausogut wie ich.«

Steve schwieg und musterte uns prüfend. »Habt ihr in Germany schon mal was von Marihuana gehört?«

»Nicht nur gehört«, grinste ich.

»Dann kann's ja losgehen.« Harry gab Steve einen Stoß in die Rippen. Der ging ins Vorzelt und brachte eine Waage und einen Beutel voll dunkelgrüner Blätter herein. Schweigend rochen die beiden daran und hantierten mit Gewichten, bis Harry ein Bündel Hundertdollar-Scheine aus der Tasche zog und mir listig zuzwinkerte.

»Leider muß ich den Beutel abgeben, so wie er ist. Aber vielleicht... Steve, mein Freund, dieser deutsche Bursche hat einen Ausdruck in den Augen, als wüßte er, was gut ist. Und zufällig ist mir bekannt, daß du deinen Privatvorrat in einem Marmeladenglas aufbewahrst.«

»Du bist ein Halunke, Harry«, knurrte Steve. »Warum sagst du nicht gleich, daß du einen Joint willst?«

»Wenn du das so siehst, Steve, dann kann ich es nicht leugnen. Aber ich bin ja bloß ein Städter, wie du sagst, und da dachte ich, daß unsere europäischen Freunde deine edlen Seiten vielleicht eher...«

»Schon gut, Harry, spar' dir den Atem.«

Steve holte ein Glas mit getrockneten Blattspitzen und drehte einen Joint. Schweigend sogen wir daran und reichten ihn weiter. Elfriede lehnte ab.

»Die Lady raucht nicht?« krächzte Harry und stieß

den Rauch aus der Lunge. »Gib' ihr noch ein Bier, Steve, sonst ist das ungerecht.«

Ein warmer Strom begann durch meinen Körper zu fließen, und Menschen und Dinge gewannen tiefere Bedeutung, wobei das trübe Licht der Petroleumlampe die Gewehre und Felle gleichsam mit dem Schein vergangener Jahrhunderte beleuchtete. Bald saß ich im Blockhaus eines Pioniers und sah Maori-Krieger durch das Mondlicht huschen, aber gerade, als sie ihren Angriff beginnen wollten, ertönte Steves Stimme und holte mich in die Wirklichkeit des Caravans zurück. Er erzählte vom sonnigen Klima der Coromandel, wo die Cannabis-Pflanzen so üppig gediehen, daß er pro Jahr zwei Ernten verkaufen konnte. Er fürchtete zwar die Helikopter der Polizei, die den Dschungel nach den Drogen-Lichtungen absuchten, brauchte jedoch Geld für den Hausbau.

»Ein schlauer Kerl, nicht wahr?« grunzte Harry. »Was raucht ihr eigentlich in Deutschland?«

»Haschisch«, lächelte ich, »Gras auch. Es wächst in Blumentöpfen in den Zimmern.«

Harry gluckste und kicherte, und Steve warf mir einen Blick zu, als glaubte er kein Wort.

»Es ist wahr!« rief ich. »In unseren Wäldern würde es sofort entdeckt! Wir haben keinen Dschungel so wie ihr, aber sechzig Millionen Menschen!«

»Guter Gott!« schrie Harry. »Was für ein Gedränge! Steve, kannst du dir das vorstellen?«

Steve schwieg und runzelte die Stirn.

»Wenigstens verstehe ich jetzt, warum ihr Gras in Blumentöpfen züchtet.« Harry reichte uns beinahe mitleidig die Hand. »Ihr habt woanders einfach keinen Platz. Ich bin zwar ein Städter, wie Steve sagt, aber in solchen Menschenmassen möchte ich nicht leben.« Er stand auf und wandte sich zur Tür. »Bestell' der Mary einen schönen Gruß, ja? Und, mein Freund, verwildere mir nicht ganz und gar!«

Nachdem das Knattern seines Motorrades verklungen war, verabschiedeten auch wir uns. Steve lieh uns eine Taschenlampe mit der Bitte, sie morgen an den Pistenrand zu legen, und wir tasteten uns behutsam durch den Wald, bis Elfriede leise rief, die Lampe löschte und so plötzlich stehenblieb, daß ich auf sie prallte. In der Finsternis bot sich uns eine gespenstische Szene. Unzählige Lichtpünktchen glühten in jener grottenartigen Schlucht, die Steve als nicht geheuer bezeichnet hatte, stiegen wie die Lichtgirlanden einer Treppe an den unsichtbaren Felsen hoch, glommen auch vor unseren Füßen, wie Sternbilder, die auf die Erde gefallen waren, und verwandelten den Pfad in eine schimmernde Milchstraße. Im Wald rief eine Eule, und vorsichtshalber schaltete ich die Lampe ein. Wo eben noch Sterne geleuchtet hatten, hingen jetzt winzige, gallertartige Raupen im Moos, eingesponnen in haarfeine Fädchen.

Um Mitternacht erreichten wir das Lager, stellten zwei Kerzen in den Schutz des Felsbrockens und aßen die Reste unserer Haferflocken. Die Flammen tanzten, und die Berge standen schwarz vor den Sternen.

»Ich möchte gar nicht weg von hier«, bemerkte Elfriede.

»Ich auch nicht.«

»Es ist alles so vertraut.«

»Aber wir haben kein Essen mehr.«

Sie seufzte und trat ans Bachufer, von wo ich sie murmeln hörte, ohne die Worte zu verstehen. Es klang fast wie ein Dank an unser wildes Tal.

Teil III

Rotorua — Unter Maoris und Vulkanen

Erstes Kapitel
Von den Ursprüngen

Zuerst beherrschten Dunkelheit und Leere das Universum, dann stimmte J-o, die göttliche Kraft, ihren Schöpfergesang an und schuf Rangi-nui, den Himmel, Paapate-a-nuku, die Erde, und Tangaroa, das Meer. Tangaroa nahm Paapa zur Frau, und sie zeugten viele Kinder. Aber bald erschien das Lichtglimmern am Horizont und bezauberte Tangaroa so sehr, daß er Paapa, die Erde, verließ. Rangi, der große Himmel, verliebte sich in die Alleingelassene, und als Tangaroa, das Meer, zurückkehrte, fand es Paapa in Rangis Armen vor. Außer sich vor Zorn schlug das Meer auf den Himmel ein, und es kam zu einem Kampf, der das Weltall erschütterte, bis Rangi, der Himmel, so schwer verwundet wurde, daß er auf die Erde stürzte und sie fest umschlang. Viele Söhne entstanden aus dieser Verbindung, darunter Tane, der Gott des Dschungels, Tiki, der Vater der Menschen, auch Tawhiri, der Wind, und Tu, der Kriegsgott und Beherrscher der bösen Mächte. Sie konnten sich kaum bewegen und lebten in ewiger Finsternis, denn ihre Eltern umarmten einander so fest, daß weder Licht noch Raum vorhanden waren, bis die Söhne diesen Zustand nicht länger ertrugen. Tu begann in der Dunkelheit zu sprechen. Er war der Kriegsgott, und so war sein Rat:

»Laßt uns unseren Vater töten, meine Brüder. Laßt uns Rangi, den Himmel, töten!«

»Das ist kein guter Rat«, widersprach Tanes Stimme. »Wie könnten wir unseren eigenen Vater töten?! Laßt uns statt dessen versuchen, ihn auf die Berge zu heben.«

Tawhiri, der Wind, protestierte heftig. Niemand dürfe die Eltern auseinanderreißen. Was Tane und die anderen planten, sei eine Tat der Schande!

»Aber wir brauchen Licht!« riefen die Stimmen in der Dunkelheit. »Und wir müssen uns bewegen können!« Und gemeinsam begannen sie zu singen:

> »Ha! Entgegen dem großen Tag,
> dem langen Tag,
> dem klaren Tag,
> hebt Rangi auf Eure Rücken!
> Für den nachtvertreibenden Tag,
> für den hellmachenden Tag,
> sei stark, o Rücken von Tane!
> Für den lichterfüllten Tag,
> für den heißen Tag,
> hebt Rangi auf Eure Rücken!
> Oh, Ihr Söhne von Paapa!«[1]

Tangaroa, das Meer, türmte seine Wogen auf und jagte sie gegen den Himmel, aber Rangi ächzte nur und umklammerte die Erde um so fester. Tu, der Kriegsgott, nahm einen scharfkantigen Stein und zerschnitt die Sehnen und Bänder, die Rangi an Paapa banden, und der Himmel schrie, und die Erde zuckte, und Ströme von Blut überschwemmten das Land. Zuletzt erhob sich Tane, der junge Gott des Dschungels, preßte sein Haupt in die Erde, wo seine Haare zu Wurzeln wurden, streckte den Körper in die Höhe und verwandelte sich in einen Baum, der machtvoll emporwuchs und den widerstrebenden Himmel auf die Berge stemmte. Licht strömte herein, und die Söhne von Rangi und Paapa waren frei.

Der Himmel aber weinte, und seine Tränen waren der

---

[1] frei zitiert nach: Wilhelm Dittmer: Te Tohunga – Alte Sagen aus Maoriland«, Freitag-Verlag Berlin, S. 15

Morgentau, und die Erde schickte weiße Wolken als Zeichen ihrer Liebe zu ihm hinauf. Tane war traurig über den Schmerz seiner Eltern und beschenkte sie mit Schmuck, die Erde mit den Seen und Wäldern, den Himmel mit den Sternen. Und als er die nächtliche Pracht zum erstenmal leuchten sah, rief er:

»O Vater, Deine Schönheit ist die Quelle der Freuden von Paapa und ihren Kindern!«

Sein Bruder Tiki mischte unterdessen das heilige Rot mit dem Sand eines Flusses, formte die Gestalt einer Frau und hauchte ihr Wärme und Atem ein, bis Marikoriko, das erste Weib, erwachte. Sie schliefen miteinander und zeugten jene Menschen, die als Maoris im fernen Land Hawaiki zu leben begannen — auf den Inseln, die heute Polynesien heißen.

Die Ägypter hatten gerade ihre Pyramiden gebaut und die Babylonier ihr erstes Reich erobert, als auf der anderen Erdhälfte die Austronesier ihre Heimat in Südchina und Südostasien verließen und als Vorväter der Maoris in See stachen. Andere folgten ihnen nach, etwa zur Zeit der Zerstörung Trojas, und stießen in einer mehrtausendjährigen Wanderung immer weiter nach Osten vor, von Insel zu Insel springend, in schnellen, hochseetüchtigen Auslegerbooten, erreichten Taiwan und die Philippinen, Indonesien und Neuguinea, die Inselwelten Mikro- und Melanesiens, Fidschi, Tonga und Samoa, und tauchten um 300 n. Chr. vor den Marquesas und Cook-Inseln auf, vor Tahiti und den Tuamotus. Hier fanden sie ihr Südseeparadies, das legendäre Hawaiki, wo sie jahrhundertelang zu Hause blieben, vollauf damit beschäftigt, die Inseln zu besiedeln. Dann aber wiederholte sich, was in ihrer Geschichte schon so oft geschehen war: Erst vereinzelt, bald jedoch regelmäßig stachen Auswanderer in See, Verbannte, die gegen Tabus verstoßen hatten, Unglückliche, die von Wind und Strömung aus dem Kurs gebracht und über den Ozean getrieben wurden, auch Abenteurer, die das Seefahrerblut ihrer Väter geerbt hatten, und zunehmend Flüchtlinge vor Kriegen und Hungersnöten. Sie entdeckten Hawaii, besiedelten die Oster-Inseln, landeten in Südamerika und stießen auf Aotearoa, das Land der langen, weißen Wolke.[1]

Seit 700 n. Chr. erreichten Ankömmlinge aus Polynesien sporadisch die neuseeländischen Küsten, jagten dort die Moas und lebten sechs Jahrhunderte in Frieden, bis die Bauern und Krieger einer anderen Kulturstufe das Land betraten und eroberten. Wie das geschah, berichtet die Legende:

Ein weitgereister Seefahrer war nach Hawaiki zurückgekehrt und erzählte Unglaubliches von einem Land mit eisbedeckten Bergen und feuerspeienden Vulkanen. Tama-te-kapua, der Häuptling des Arawa-Stammes, hörte davon und beschloß, das von Kriegen zerrüttete Hawaiki mit zweihundert Frauen und Männern zu verlassen. Er ließ ein großes Doppel-Kanu bauen, einen jener Segler, in denen seine Vorfahren den Pazifik bezwungen hatten, und als die Nachricht von seinen Plänen sich verbreitete, begannen noch sechs andere Häuptlinge mit dem Bootsbau. Am Morgen ihrer Abreise strömte das Volk an den Strand, wo ein alter Priester den Schutz der Götter beschwor.

»Laßt Streit und Krieg hinter Euch! Sucht neues Land! Haere! Haere! Lebt wohl!«

Tama-te-kapua zögerte noch. Er war kein Priester, ihm fehlte die Verbindung zu den Göttern, ohne deren Beistand die große See von Kiwa nicht zu überwinden war. Also führte er Ngatoro, den mächtigen Schamanen, mit

[1] Maori-Name für Neuseeland

seiner Frau an Bord, um das Kanu segnen zu lassen, lichtete jedoch noch während der Zeremonie den Anker und verließ unter lautem Geschrei die Bucht.

Ngatoro, der Schamane, glaubte zunächst an ein Mißgeschick und bat darum, die nächste Insel anzulaufen, aber Tama-te-kapua lachte nur und rief: »Du bleibst an Bord! Und ich bestimme, wo und wann du wieder aussteigst!«

Sie machten gute Fahrt, verloren bald den Kontakt zu den anderen Kanus, sichteten bei Rarotonga zum letztenmal Land und segelten in den Ozean von Kiwa hinaus. Sie kämpften mit Stürmen und Sintfluten, mit Flauten und glühender Hitze, aber Ngatoro beschützte sie, notgedrungen, bis er entdeckte, daß Tama-te-kapua mit seiner Frau schlief. Da packte ihn die Wut, er schrie zu den Göttern, und Tangaroa peitschte die Wogen, Tawhiri schickte Sturm, und Rangi warf die Sterne durcheinander. Ein gewaltiges Unwetter brach los, Sturzseen drohten das Kanu zu begraben, trieben es aus dem Kurs. Und ein Brüllen erscholl in der Finsternis, bei dem die Arawas erbleichten. Sie rasten geradewegs auf ein Seeungeheuer zu, auf einen Mahlstrom, der zum Grund des Meeres führte, wurden von Wirbeln erfaßt und in den Sog hineingerissen. Gepäck und Nahrungsmittel gingen über Bord, die Menschen schrien und heulten, aber Ngatoro, der einzige, der ihr Schicksal hätte wenden können, starrte ungerührt vor sich hin. Erst als sein Weib um Gnade flehte und das Boot zu sinken begann, kletterte er auf den Bugspriet und rief mit gewaltiger Stimme nach Tangaroa. Und das Ungeheuer schloß seinen Rachen, der Sturm flaute ab, und Mauri, der Sonnengott, der in seinem feurigen Kanu aus der Unterwelt herauffuhr, beleuchtete eine spiegelglatte See, ein ramponiertes Boot und eine völlig erschöpfte Mannschaft.

Die Arawa setzten ihre Reise fort, besaßen jedoch keine Vorräte mehr und magerten bis auf die Knochen ab.

Endlich, an einem Hochsommertag, sichteten sie eine lange, weiße Wolke überm Horizont, dann eine violette Küstenlinie, und sie schämten sich ihrer Tränen nicht, als rotblühende Küstenwälder und Sandstrände auftauchten. Ihenga, der Enkel des Häuptlings, machte sich ins Landesinnere auf und streifte durch Dschungel und Sümpfe, bestieg einen Berg und erblickte waldbedeckte Hügel und einen See, den die Dampfsäulen heißer Quellen umgaben. Er nannte ihn »Rotorua« und nahm ihn für die Arawa in Besitz, aber als er an den Strand kam, standen dort die Hütten von Moa-Jägern. Sie waren leer, die Bewohner schienen auf der Jagd zu sein, und Ihenga lief zum Dorfplatz, grub die heiligen Pfosten aus, verpflanzte sie auf eine Lichtung und ersetzte sie durch irgendwelche Pflöcke. Und als die Moa-Jäger zurückkehrten, gebot er ihnen Halt.

»Dieses Land«, sagte er, »gehört mir.«

Der Dorfhäuptling gewann die Überzeugung, einen Verrückten vor sich zu haben, den man besser mit Nachsicht behandelte. »Welches Zeichen, Fremder, kannst du bringen?«

»Welches Zeichen hast du?«

Der Häuptling lächelte mitleidig. »Die heiligen Pfosten künden von unserem Besitz. Komm' mit und überzeuge dich selbst von ihrem Alter.«

Sie gingen zum Dorfplatz, und die Augen des Häuptlings weiteten sich vor Entsetzen.

Ihenga aber lachte schallend. »Willst du mich zum Narren halten?! Siehst du nicht, daß diese Pfosten keinen Tag alt sind?« Er faßte den Häuptling am Arm. »Ich werde dir jetzt meine zeigen. Und wisse, sie waren die ersten hier am See.«

Der Häuptling merkte, daß er übertölpelt worden war, von einem einzigen Mann, den er im Handumdrehen hätte töten können, wenn ein derart leichter Sieg keine Schande gewesen wäre. Also bat er mit steinerner Miene darum, ihm wenigstens Mokoia zu lassen, eine Insel draußen im See, und als Ihenga nickte, führte er seine Leute hinüber. Die Arawa aber siedelten auf der dünnen Erde von Ohinemutu, an der Küste des Rotorua-Sees, rodeten den Urwald, bauten eine Palisadenfestung und legten Felder und Gärten an. Sie überstanden Erdbeben, Vulkanausbrüche und Schlachten mit feindlichen Nachbarn, nicht jedoch die Begegnung mit den Europäern. Die kamen ab 1830 ins Land und machten aus Ohinemutu eine Stadt. Heute heißt sie Rotorua, hat 45 000 Einwohner und gilt noch immer als ein Zentrum der Maoris.

Zweites Kapitel
Nach Rotorua

Als wir die Coromandel verließen, trampten wir in Richtung Rotorua, entlang der Bay of Plenty, wo damals die Arawa geankert hatten. Obstfelder säumten die Landstraße, Grapefruit- und Kiwiplantagen, Orangenbäume und Zitronenhaine, und unser Fahrer erzählte, daß hier früher Weideland gewesen sei, bis jemand entdeckt habe, wie gut Boden und Klima sich für den Fruchtanbau eigneten. »Seitdem werden hier Millionen verdient«, grinste er. »Bay of plenty money«!

In Tauranga stiegen wir aus und wanderten die Straße nach Te Puke hinab, wo wir die Torys besuchen wollten, die Eltern von jenem Max, den wir in Irland getroffen hatten. Plötzlich hupte ein Lieferwagen und fuhr an den Rand, ohne daß wir die Daumen 'rausgehalten hatten. Ein unrasierter junger Weißer stieß die Beifahrertür auf.

»Braucht ihr 'nen ride?«

»Wohin?«

»Te Puke.«

Er streckte uns die Hand hin, sagte: »Ich bin Joe«, und gab Gas. Stoppelbart und Sonnenbrille, ein zerknautschter Hut im Genick und ein Streichholz zwischen den Zähnen ließen ihn nicht sonderlich seriös erscheinen, und was er sagte, wirkte recht merkwürdig.

»Ihr wißt hoffentlich, wer ich bin?«

»Ja«, lachte ich, ein wenig beklommen, »Joe, der Lieferwagenfahrer!«

»Falsch, mein Freund. Ich bin der Premierminister von Neuseeland.«

Sein Gesicht war ernst, die Augen blieben verborgen, und ich wußte nicht, ob ich antworten oder den Mund halten sollte. Da spuckte er plötzlich das Streichholz aus und entblößte ein paar Zahnlücken.

»Man sieht's dem alten Joe nicht an, was? Aber er will wirklich Premierminister werden, und das ist gerade soviel, als wäre er's schon. Verstanden?«

»Ganz und gar nicht«, erwiderte Elfriede. »Warum willst du so hoch hinaus?«

»Weil ich die Einheit der Menschen herstellen will.«

»Oha!« rief ich. »Das ist nicht gerade wenig!«

»Falsch, mate[1]«, grinste er. »Das ist ganz einfach. Ich gebe dir 'nen ride und helf' dir weiter, und wenn du nach overseas zurückgehst, wirst du wissen, daß die Neuseeländer prima Kerle sind. Als Premierminister sage ich den Leuten: Seht her, ich bin ein Kiwi...«

»Ein Kiwi?!«

»Yeah, so nennen wir uns. Ich bin weder Pahkeha noch Maori, sondern Kiwi, versteht ihr, Neuseeländer, und ich werde den Leuten zurufen: Macht die Dinge so, wie Kiwis sie tun, denn ihr seid auch keine Pakehas oder Maoris, sondern Kiwis wie ich!« Er deutete auf seine Haut. »Zu dunkel, nicht wahr? Mein Großvater schlief mit einer Braunen.«

»Dann bist du ein Halbblut?«

»Halbblut, Vollblut, Dreiviertelblut – was spielt das für eine Rolle? Wir sind alle zusammen Kiwis, und verdammt noch mal, wir sollten uns auch so benehmen! Unseren Vätern war egal, mit wem sie zu tun hatten, aber heute? Hier Pakeha, dort Maori, und keiner spricht mehr mit dem anderen!« Er unterbrach sich und zeigte nach

---

[1] Slang-Ausdruck, soviel wie »Alter«

vorn, wo zwischen Ozean und grünen Hügeln eine Kleinstadt auftauchte. »Te Puke.«

Ich kramte die Adresse der Torys heraus und fragte zwei Tischler, die Latten vor einem Neubau zersägten. »Montgomery Place?« Der eine kratzte sich am Kopf, der andere zuckte die Achseln.

»England?« fragte er.

»No. Germany.«

»Oh, that's alright! Wir werden diesen lausigen Platz schon finden!«

»Wenn Bill es nicht 'rauskriegt«, brummte sein Kollege, »dann kriegt es keiner 'raus.«

Und Bill kriegte es 'raus. Nur schien es ein weiter Fußmarsch zu sein, und wir wußten nicht einmal, ob die Torys zu Hause waren. Also baten wir in einem Möbelgeschäft darum, die Rucksäcke unterstellen zu dürfen. »You're welcome«, sagte der Angestellte, wies auf einen Platz zwischen Pionierzeit-Stühlen und half uns sogar noch beim Tragen.

Montgomery Place lag zwischen Bungalows und Gärten, und eine ältere Frau, die vor einem Gemüsebeet kniete, erhob sich bei unserem Anblick. Sie wirkte tatkräftig und resolut und schien ihre Haare mit Lockenwicklern zu pflegen.

»Mrs. Anne Tory?« fragte ich.

Sie nickte.

»Ihr Sohn Max läßt Sie grüßen.«

»Oh! Ihr seid... Seid ihr etwa die beiden Deutschen?!«

»Woher wissen Sie das?«

»Max hat von euch geschrieben!«

Später — wir tranken mit den Torys Tee und erzählten von ihrem Sohn — begann es draußen zu regnen. Anne lud uns ein, im Haus zu wohnen, was wir dankbar annahmen, denn vier Tage und Nächte goß es, was vom Himmel herunter wollte. Wir verbrachten die Zeit in jenem bürgerlichen Komfort, den der Mittelstand überall zu bieten hat, und fanden eigentlich nur den Garten fremd, die Orangen- und Zitronenbäume, die Kiwi-Sträucher und Hibiskus- blüten. Anne herrschte im Haus und organisierte das Fa- milienleben, Robert dagegen, ihr dürrer und wortkarger Mann, ging vormittags seiner Arbeit nach und werkte nachmittags im Garten, las die Zeitung und kümmerte sich um die Drinks, was, soweit wir beobachten konnten, seine einzige Aufgabe im Haushalt war. Der Tisch wurde mit gutem Porzellan und hübsch drapierten Servietten ge- deckt, mit Kristallgläsern und brennender Kerze, und man aß mit Manieren, nicht mit ungezähmten Urwaldsitten. Anschließend ging man in den »living room« und trank Tee, wobei Anne sich an unserem Englisch ergötzte und dann mit einer Frage herausrückte, die ihr seit unserer An- kunft auf der Seele lag: Waren eigentlich alle Germans so klein wie wir? Oder waren wir nur Ausnahmen in einem Volk von Hünen? Sie war von unserer Statur enttäuscht, was wir ihr nicht verübeln konnten, denn der Maßstab, den sie anlegte, hieß ausgerechnet Marschall Rommel. Er war der einzige Deutsche, den sie kannte, weil neuseelän- dische Truppen im Zweiten Weltkrieg gegen seine Afrika- Armee gekämpft hatten.

Robert lag im Schaukelstuhl und nippte schweigend an seinem Whisky, während Anne die Konversation betrieb und auch von ihren Großeltern erzählte, die nach Neu- seeland ausgewandert waren und eine Farm gegründet hatten.

»Ohne Ärger mit den Maoris?« wollte ich wissen.

»Ja«, seufzte sie. »Ich wünschte, wir könnten das auch von uns behaupten.«

»Wieso ihr?«

»Nun«, sie warf ihrem Mann einen raschen Blick zu, »die Maoris grüßen uns nicht mehr.«

»Dabei haben wir nichts gegen sie«, brummte Robert aus seinem Schaukelstuhl. »Annes beste Freundin hat Maoriblut in ihren Adern.«

»Warum grüßen sie dann nicht?« fragte Elfriede.

»Weil sie faul und neidisch sind.« Anne wurde zornig. »Sie arbeiten nur, wenn sie Lust haben. Erst neulich pflückte ich zusammen mit ihnen auf einer Plantage, und schon am zweiten Tag waren sie verschwunden.«

»Ist das so schlimm?«

»Nein«, gab sie zurück, »nur wollen sie die gleichen Dinge haben wie wir. Und weil die nicht vom Himmel fallen, fangen sie an zu randalieren.«

»Unser Leben wird ihnen fremd sein«, wandte ich vorsichtig ein, »wir haben es ihnen ja aufgezwungen.«

»Richtig.« Robert stopfte sich eine Pfeife und paffte dicke Rauchwolken. »Aber das liegt lange zurück. Und heute haben sie die gleichen Rechte wie wir. Es gibt keine Apartheid, sie sind nicht eingesperrt und können sogar Premierminister werden. Bloß sie wollen ja nicht.«

»Sage ich doch«, bekräftigte Anne, »sie betrinken sich lieber statt zu arbeiten!«

Elfriede trat unterm Tisch gegen mein Schienbein, während Robert uns gute Ratschläge erteilte: »Paßt auf, wenn ihr nach Rotorua kommt. Mit dem, was ihr sagt, meine ich. Es hat böse Schlägereien gegeben in letzter Zeit, und die Maoris... nun ja, sie sind eben anders als wir.«

Er schaltete den Fernseher an, und ein Nachrichtensprecher berichtete von schweren Unwettern auf der Nordinsel, von Bergrutschen und blockierten Straßen. In der Nacht hörte der Regen jedoch auf, und am Morgen trampten wir weiter, ins Binnenland hinein, durch Nebel und neuerliche Wolkenbrüche, die die Straßen mitunter zum See machten. Eine Kreuzung tauchte aus den Schwaden, ein Schild verkündete: Zwölf Kilometer bis Rotorua, aber unser Fahrer stoppte.

»Tut mir leid. Ich biege hier ab.«

Nirgends war ein Unterschlupf zu sehen, kein Haus,

keine Scheune, kein Wald, nur ödes, tropfnasses Weideland, bis ich verschwommen einen Fluß und eine Brücke erkannte. So schnell wir konnten, liefen wir hin. Die Trasse überm Uferrand bot gerade Platz genug, um gebückt darunterzustehen.

»Was nun?« keuchte Elfriede.

»Warten«, knurrte ich.

»Und wenn wir weitertrampen?«

»Wer nimmt denn nasse Tramper mit?«

Schweigen. Dicht vor uns prasselten die Tropfen in die aufgeweichte Erde, dicht neben uns gurgelte der Fluß, dicht über uns hing die Betondecke, und wenn ein Auto hinüberdröhnte, laut wie ein Panzer, dann hielten wir uns die Ohren zu.

»Und wenn wir das Zelt aufbauen?« fing sie wieder an.

»Das wird klatschnaß, bevor wir drin sind!«

»Irgendwas müssen wir aber tun«, beharrte sie kläglich, »mir wird kalt.«

»Tramperschicksal.«

»Nur zwölf Kilometer.« Sie überlegte. »Vielleicht fährt hier ein Bus.«

»Hast du eine Haltestelle gesehen?«

»Wir könnten uns in dem Haus erkundigen.«

»In welchem Haus?«

»Da war eins, wo wir ausgestiegen sind.«

Sie zog ihren Regenanzug an und schnürte die Kapuze, bis nur noch Nase und Augen herausschauten. Ich hingegen schlüpfte in mein langes grünes Cape. Wenig später klopften ein Pastor im flatternden Talar und ein Astronaut in uniförmiger Vermummung an die Tür eines einsamen Hauses und erhielten mißtrauisch Auskunft. Immerhin – es sollte ein Bus kommen, wenn auch erst in drei Stunden. Es gab sogar ein Wartehäuschen mit Sitzbank, Wellblechdach und einer offenen, der Straße zugewandten Seite.

Wir schleppten die Rucksäcke herbei und fühlten uns

wie Schiffbrüchige, die mit Wasser in den Schuhen und nassen Hosen das Ufer erreichten.

»Los!« keuchte ich. »Wir müssen uns umziehen!«

»Hier? Wo jeder Autofahrer 'reingucken kann?«

»Willst du krank werden?«

»Und mein BH?« Sie zögerte noch. »Der ist auch feucht.«

»Dann zieh' ihn aus!«

Ich holte Jeans, Strümpfe und Stiefel aus dem Rucksack und schaute Elfriede beim Entkleiden zu — offenbar war nicht nur ihr BH, sondern auch ihr Schlüpfer naß geworden. Draußen preschte ein in Gischt gehüllter Laster vorbei.

»Siehst du?« Ich zog sie an mich. »Er bremst nicht mal. Der weiß gar nicht, was ihm entgeht!«

Sie stieß mich unwillig zurück und beeilte sich, ihre Nacktheit zu bedecken, befestigte eine Leine am Deckenbalken fest, hängte Hosen und Hemden zum Trocknen auf und packte den Kocher aus. Bald erfüllte Kaffeeduft die Bretterbude und machte sie zu einer behaglichen Zuflucht, aber als drei Stunden um waren, kamen mir Bedenken.

»Glaubst du wirklich an den Bus?«

»Wenn die Frau im Haus es sagt…«

»Aber hier ist doch nichts.«

»Sie sagte was von einem Dorf.« Elfriede studierte die Landkarte. »Anscheinend sind wir hier in Te Ngae. Siehst du was davon?«

»Nur Schafsweiden und Regen.«

»Aber da!« Sie packte mich heftig am Arm. »Tatsächlich, da kommt er!«

Ein rot-weißes Ungetüm rollte heran, die Tür sprang auf, und der Fahrer rief: »Hereinspaziert, hereinspaziert! Hier ist es trocken und warm!«

»Du fährst nach Rotorua?« fragte ich.

»Da bin ich zu Hause, Mensch!« Er grinste und reichte mir den Fahrschein. »Wo wollt ihr hin?«

»Zu einem Motor-Camp.«[1]

Er nickte und fuhr los. Aus dem Regen schälten sich Bungalows und Gärten heraus, hölzerne Motels, einstöckige Geschäfte, Kinos und Kneipen, McDonald's Hamburger und Kentucky Fried Chicken, dann eine Hecke am Straßenrand, überragt von triefenden Bäumen. Der Fahrer stoppte. »Autohaven lodge! Das ist genau das, was ihr braucht!« Wir dankten, stiegen aus und stellten fest, daß der Rasen zwischen den Bäumen wie ein verlandender See aussah. »Um Himmels willen!« stöhnte Elfriede. »Wo sollen wir da hin? Mitten 'rein oder näher ans Ufer?«

[1] Zeltplatz, auch für Caravans und Wohnmobile

Drittes Kapitel
Sam und Ake

Jeder Tramper, der in schweres neuseeländisches Wetter gerät, segnet die Kiwis für ihre Cabins, jene nach Schimmel riechenden Holzhütten, die billig auf den Motor-Camps zu mieten sind. Unsere Cabin war Küche und Schlafzimmer zugleich, besaß Gardinen vor den Fenstern, zwei Betten mit fleckigen Matratzen, Kühlschrank und Elektrokocher, fließend heißes Wasser und einen rostigen Toaster. Elfriede begann zu schwärmen, von Steaks, Gemüse und Salaten, Eiern und Milch, von all den Genüssen, die wir sonst so oft entbehren mußten.

Es regnete immer noch, als wir in die Stadt gingen, und ein Kanaldeckel in der Straße stieß stinkenden Dampf aus. »Faule Eier!« keuchte Elfriede.

»Schwefeldämpfe«, verbesserte ich und beeilte mich, den Schwaden zu entkommen. Wir kauften ein und suchten nach einer ruhigen Kneipe, platzten jedoch bei »Cobb und Co« in ein Chaos aus Qualmwolken, Rufen, Lachen, Gläserklirren und Gewühl, erwischten einen jug[1] und zwei Gläser und flohen zu einem brusthohen Stehtisch, der als einziger noch frei war. Maoris und Mischlinge umdrängten uns, braune Haut in jeglicher Schattierung, schwarze Mähnen, Afro-Look und karibische Zopfmatten, unrasierte, verbeulte und schweißnasse Gesichter, vom Rausch gerötete und glasige Augen, tätowierte Ar-

---

[1] Literkanne voll Bier, aus Plastik oder Glas

me, zerrissene Jeansjacken, Hosen mit Löchern, Badelatschen und staubige Stiefel. Man redete und schrie, schlug sich auf die Schultern, brach in dröhnendes Gelächter aus, tanzte zu den Liedern eines Gitarrenspielers, die im Lärm fast untergingen, und soff. Am Nachbartisch fiel einer um, kam schwankend wieder auf die Beine, klammerte sich fest und ergriff, zum Jubel seiner Saufkumpane, den nächsten jug.

»Der reinste Hexensabbat!« Elfriede lachte beklommen. »Lauter Kannibalen!«

»Möchtest du gehen?«

»Noch fressen sie ja keinen.«

Es gab tatsächlich nirgends Streit, trotz der Ströme von Alkohol. Alle schienen gut gelaunt zu sein, auch die beiden Maoris, die mit ihren Bierkrügen auf uns zukamen, ein stämmiger, zimtbrauner Bursche und ein schmächtiger mit Zottelhaaren und Schatten unter den Augen.

»Hi!« grüßte der Stämmige. »Ich bin Sam, und das da ist mein Cousin. Habt ihr Münzen für uns?«

Der Cousin kicherte nervös, glotzte erst mich, dann Elfriede an und starrte schließlich mit albernem Grinsen zwischen uns hindurch.

»Tut mir leid«, erwiderte ich, »unsere Münzen liegen im Motor-Camp.«

»Aus welchem Land?«

»Germany.«

Das schien Sams Interesse zu beleben, denn er bot uns Zigaretten an. Elfriede lehnte ab.

»Deine Frau?« fragte er.

»Ja. Nur ohne Trauschein.«

»Ich auch. Aber Frau fürs Leben, verstehst du? Zwei Kinder.« Er trank und rülpste, bemerkte mein leeres Glas und hielt mir seins vor die Nase. »Trink's aus!«

»Sachte, Sam, sachte!«

»Du trinkst zu langsam, mate!« Er schnippte mit den Fingern, worauf der Cousin zur Theke wankte und mit jugs für Elfriede und mich zurückkam.

»Sam«, fragte ich neugierig, »wie heißt du eigentlich in deiner Sprache?«

Er nannte ein Wort mit vielen Vokalen. »Heißt Chief.«

Ich staunte. »Bist du Häuptling?«

»Yes, mate. In meiner Familie bin ich Chief.«

Der Cousin grunzte, rollte mit den Augen und trat von einem Bein aufs andere. Sam hingegen sprach mit feierlichem Ernst, bis er am Tresen einen Mann entdeckte, der sich kaum noch auf den Beinen halten konnte. Er zerrte ihn herbei und stellte die »two friends from Germany« vor, und der Neue, auch ein Cousin, strahlte übers ganze verschwitzte Gesicht, stammelte ein paar Worte und schwankte zur Theke zurück, worauf es eine Weile dauerte, bis Sam eine junge Maori-Schönheit an den Tisch führte und ihr gerade genug Zeit ließ, um Shakehands zu machen und zu lächeln. Dann schleppte er sie weg und ersetzte sie durch einen kaffeebraunen Mann mit schwarzem Schnurrbart, schwarzer Augenklappe und schwarzen Haaren. Auch dieser war ein Cousin und taumelte bereits, vermochte aber noch zu sprechen.

»Fidschi?« fragte er bedeutungsvoll.

»No«, bedauerte ich.

»No?!« Er starrte mich aus einem Auge an, als könnte er's nicht fassen, schüttelte sorgenvoll den Kopf und stolzierte auf unsicheren Beinen davon. Zuletzt kam noch ein Gast, eine Frau, die mir erst jetzt auffiel, als Sam sie herbeizitierte. »Ake«, grinste er, schlug ihr auf den Hintern und winkte seinem Cousin, der es anscheinend selbstverständlich fand, den Kellner für den Chief zu machen. Ake hielt beim Trinken kräftig mit, blieb aber stumm und schaute meist zu Boden. Sie war klein, vielleicht dreißig Jahre alt, hatte schwarze Locken, schlechte Zähne und ein müdes, freundliches Gesicht.

»Hey, mate, träumst du?!« Sam knuffte mich in die Seite. »Wir machen eine Party heute nacht. Kommt mit!«

»Da muß ich meine Frau fragen.«

»Frag' sie, mate, ich geh' derweil pinkeln.«

Und Elfriede protestierte heftig. »Ein Besäufnis wird das, und ich kann deine Bierleiche hinterher nach Hause schleppen! Ohne mich, mein Lieber!«

»Aber, Schatz! Ich verspreche dir...«

»Ach, ich kenne das doch!«

»Aber ich war noch nie bei Ureinwohnern!«

»Dann trefft euch wenigstens morgen.«

Sam kam zurück und machte ein finsteres Gesicht, als er diesen Vorschlag hörte. »Wir feiern eine Party, mate! Ich zeige euch meine Münzen!«

»Schöne Münzen«, warf Ake plötzlich ein.

»Und wie kommen wir hinterher nach Hause?«

»Ake fährt euch«, bestimmte Sam.

Ich warf Elfriede einen Blick zu, und sie ergab sich in ihr Schicksal. Sam war zufrieden, wollte aber solange wie möglich die Kneipe ausnutzen, bevor die eigenen Vorräte dran kamen, eine Ansicht, die sein Cousin zu teilen schien, denn er lallte begeistert und rollte wie ein Irrer mit den Augen.

»Habt ihr ein Hangi gehabt?« fragte Sam.

Ich stutzte. »Ein was?«

»Essen.«

»Nein.«

»Hast du gehört?« Sam wandte sich an Ake. »Du kochst, wenn wir zu Hause sind.«

Elfriede trat mir wütend gegens Schienenbein. »Wir haben ja gar keinen Hunger!«

»Oh, das ist okay«, bemerkte Ake freundlich, »ich koche gern für die Gäste.«

»So? Wie viele sind das denn gewöhnlich?«

»Oh, so zwanzig, fünfundzwanzig...«

Sie schaute scheu lächelnd von einem zum anderen, da gongte die Kneipe ihr Schlußsignal, ein Barkeeper räumte die Tische ab, und eine grölende Horde ergoß sich in die

Nacht. Wir stiegen in einen klapprigen Ford, und Ake, die noch halbwegs nüchtern war, fuhr an funzeligen Laternen vorbei und bog in eine spärlich beleuchtete Nebenstraße ein. Im regnerischen Dunkel liefen wir auf ein Holzhaus zu, stapften knarrende Verandastufen hoch und betraten ein Zimmer, wo eine Südsee-Insulanerin auf dem Teppich hockte und zwischen Krümeln, Staubflusen und Brandlöchern mit einem Weißen Poker spielte. Es roch nach Feuchtigkeit und Schimmel, eine Glühbirne hing nackt von der Decke, Tapeten faulten an den Wänden, und Tisch, Stühle und Sessel standen herum, sonst nichts, außer zwei chromblitzenden Fremdkörpern, einem Hifi-Turm und einem Farbfernseher.

Dröhnende Discomusik erschütterte die Wände, und der Cousin jauchzte auf, ließ klirrend eine Bierkiste fallen und tanzte wie ein Irrwisch durch den Raum. Ake verschwand in der Küche und klapperte mit Töpfen und Pfannen. Und Sam bugsierte uns ohne Umschweife zu den Sesseln.

»That's our home!« brüllte er und schenkte ein.

»Alright!« schrie ich zurück. »Wer ist das Mädchen?«

»Akes Schwester.«

»Und der Typ?«

»Irgendein Kiwi.« Er schrie Elfriede an: »Tatu?!«, deutete mit dem Finger auf sie und brüllte: »Aye!«

»Aye!« schrie sie zurück, und er nickte befriedigt, winkte Ake, ihm sein Glas zu füllen, zeigte uns die Münzen und kümmerte sich besorgt um Elfriede, die zäh an ihrer Flasche klebte und partout keine neue haben wollte.

»Tatu, Tatu?!«

»Aye!«

Dann spürte ich die vielen Biere wirken, sowohl im Kopf als auch in der Blase. »Wo ist euer Klo, Sam?«

Er grinste verlegen und wies zur Tür. »Auf der Veranda, my friend.«

Dort war jedoch nur ein Geländer, und kurz entschlossen pinkelte ich drüberweg. Der Regen fiel, die Nacht erbebte vom Disco-Lärm, und die Fenster anderer Häuser leuchteten in der Nachbarschaft. Ich fragte mich, wie deren Bewohner den Krach und das öffentliche Klo wohl vertrugen, bis der Cousin, der ebenfalls durchs Geländer schiffte, mir taumelnd in die Arme fiel. »Alles Cousins, you know? Hicks! Alles Kumpels!«

Ich floh ins Zimmer, wo Ake zum Rock'n'Roll das Essen auffuhr, allerdings nur für zwei Personen.

»Wir allein?« staunte ich.

Sam lächelte. »Ihr seid die Gäste.«

»Du lieber Himmel«, seufzte Elfriede, mehr erschrokken als erfreut, und starrte auf einen dampfenden Kartoffelberg mit Steaks und Koteletts, Spiegeleiern und gebratenen Tomaten. »Das schaffe ich nie!«

»Die erwarten es aber«, murmelte ich.

»Wollen die etwa alle zugucken?«

»Tu einfach so, als wären sie nicht da.«

Und wir ließen es uns schmecken, was Ake, die Köchin, sichtlich freute, auch wenn sie nicht an den Tisch kam, denn nur dem Chief gebührte es, die Gäste zu bedienen. Ringsum dröhnte die Musik, flimmerte der Fernseher, schauten neugierige Augen, und mir war zumute, als erlebte ich ein altes Ritual. Auf Sams Zeichen brachte Ake den Nachtisch, Meeresmuscheln in Salzwasser, rohe, glitschige Dinger, die penetrant nach Seetang rochen. Elfriede machte Stielaugen und lehnte rundweg ab, und alle Blicke wandten sich erwartungsvoll zu mir, so daß ich gar nicht anders konnte, als mannhaft in ein fingerlanges Vieh zu beißen und etwas Tranig-Schlüpfriges hinunterzuschlucken. »Hör' auf!« Elfriede packte mich am Arm. »Du wirst ja ganz grün!«

Sam klopfte mir beruhigend auf die Schulter, fischte eine Muschel aus dem Wasser, legte den Kopf in den Nakken und schlürfte sie der Länge nach in sich hinein. Dann bedienten sich die anderen, mit sichtlichem Vergnügen, denn rohe Muscheln waren Leckerbissen, das wußte jedes Kind.

Es war mittlerweile weit nach Mitternacht, und Ake fuhr uns zum Motor-Camp zurück. Sam hockte auf dem Rücksitz, grölte unverständliche Lieder und baute zusehends ab.

»Komm doch mit 'rein«, schlug ich vor.

Ake zögerte. »Wir sind Maoris.«

»Na und?« knurrte ich. »Wen wir einladen, geht niemanden was an!«

Ich schloß die Tür auf, machte Licht und drückte Sam einen Beutel Kleingeld in die Hand. Der strahlte wie ein Kind und biß in jede Münze.

»Schon gut«, beruhigte Elfriede und wandte sich an Ake. »Sag' deinem Jungen, er kann sie behalten.«

Sie warf uns einen eigentümlichen Blick zu, halb zutraulich, halb mißtrauisch, lächelte schüchtern, steckte die Münzen ein und zündete sich eine Zigarette an.

»Wo sind eigentlich eure Kinder?« fragte Elfriede. »Ich habe sie nirgends gesehen.«

»Bei der Familie«, antwortete sie.

»Zu Besuch?«

»Nein. Sie leben dort.«

»Aber vermißt ihr sie denn nicht?«

»Sie sind in der Familie«, wiederholte Ake, blickte auf ihren Mann, der mit offenem Mund zu schnarchen begann, und drückte ihre Kippe aus. Wir halfen ihr, Sam zum Auto zu schaffen, dann fuhr sie durch den Regen davon.

»Ob ich sie verletzt habe?« grübelte Elfriede.

»Weil sie so plötzlich aufbrach?«

»Ich hätte sie nicht fragen sollen.«

»Ach, das glaube ich nicht! Sie schien gar nicht zu wissen, was du wolltest.«

»Sie tut mir leid, weißt du.« Elfriede öffnete das Fenster, um den Tabakrauch hinauszulassen. »Sie und Sam sind nirgendwo zu Hause.«

»Tja, die Weißen haben's besser.« Ich gähnte und zog mich aus.

»Du wirst einen Kater kriegen«, meinte sie.

»Ach was! Das Bier ist schwächer als bei uns.«

»Wollen's hoffen.« Sie kroch in ihren Schlafsack und löschte das Licht.

Ich erwachte im Morgengrauen, kroch leise hinaus, um sie nicht zu wecken, und taumelte zum Toilettenblock. Aber als ich zurückkam, war sie wach.

»Hast du gekotzt?«

»Durchfall«, stöhnte ich.

»Mein armer Schatz! Von diesem dünnen Bier?« Sie kam herüber, kuschelte sich zu mir und brummelte beruhigende Laute in mein Ohr. Und ich schlief wieder ein.

Flechtenbewachsene Buchen am Wangapeka-Track.

Vorseite: In der Einsamkeit des Routeburn-Tracks. *Oben:* Unberührte Wildnis im nördlichen Fjordland. *Unten:* In der endlosen Weite der Nordinsel reduziert sich die Bedeutung des Menschen. *Rechts:* Der Dart-Gletscher im Mount-Aspiring-Nationalpark der südlichen Alpen.

Links: Sinterterrassen am Ufer eines heißen Baches im Waimangu-Tal von Rotorua. *Oben:* Der Tatawera-See mit dem gleichnamigen Vulkan im Hintergrund. *Unten:* Im Dschungel der Coromandel-Halbinsel. *Folgeseite:* Farnbäume.

Viertes Kapitel
Ohinemutu

Ich erwachte erst am Mittag, mit Kopfschmerzen und dem Gefühl, ersticken zu müssen, denn die Sonne knallte auf das Dach und machte die Cabin zum Ofen. Schweißgebadet kroch ich aus dem Schlafsack, raffte das Waschzeug zusammen und flüchtete nach draußen, wo die Luft so schwül war, daß selbst das Atmen schwerfiel. Erst im Waschraum bemerkte ich, daß der Himmel wie im Bilderbuch aussah – Flottillen weißer Haufenwolken trieben majestätisch durch leuchtendes Blau. Ein Pohutukawa-Baum blühte scharlachrot in der Sonne, und ein warmer Wind kam auf.

Wir frühstückten bei offener Tür und räumten danach die Rucksäcke aus, stapelten Lebensmittel und Blechgeschirr auf die Anrichte, ordneten Filme, Broschüren und Schreibzeug und hängten das Wahrzeichen unserer Heimstatt an die Wand: die große Neuseeland-Karte, die schon die Zimmer in London und Auckland geschmückt hatte. Dann machten wir es uns gemütlich, kochten zum zweitenmal Kaffee und schrieben Weihnachtskarten, was höchste Zeit war, denn in den Geschäften brannten bereits die Birnen künstlicher Christbäume, und über den Straßen zogen orangerote Kometen grüne Schweife hinter sich her.

»Das ist doch absurd!« Elfriede warf den Kugelschreiber hin. »Wie soll ich hier an Weihnachten denken? Die Menschen müßten frieren, die Bäume müßten kahl sein, und die Straßen spiegelglatt gefroren!«

»Und Smog müßte herrschen!«

»Und schneien müßte es!« Sie atmete tief die warme Luft ein, die nach Blüten duftete. »Weißt du was?«

»Hmm?«

»Wir haben es doch verdammt gut.«

Erst am späten Nachmittag, als die Schwüle aus der Luft gewichen war, rafften wir uns zu einem Spaziergang auf und standen unverhofft am Ufer des Rotorua-Sees. Die weite Wasserfläche spiegelte das Blau und Rosa des Himmels, und die Mokoia-Insel ragte wie ein schwarzer Berg daraus hervor. Die Wedel des Toetoe-Schilfes wehten, Strelizen blühten, und schwarze Schwäne mit roten Schnäbeln schaukelten auf den Wellen. Am Ufer standen Holzhäuser, kleine Würfel mit roten Pfosten und Giebeln, und wenn es auch Scheiben in den Fenstern gab und rostiges Blech statt Schilf die Dächer bedeckte, so wohnten hier doch zweifellos Maoris. Manche Häuser standen zwischen zerfallenen Autowracks, andere wurden von Dampfschwaden eingehüllt, die aus kochenden Wasserlöchern und zischenden Erdspalten quollen. Es stank verheerend nach faulen Eiern, und Elfriede hielt sich die Nase zu.

»Herrje! Wie kann man hier bloß wohnen?!«

»Auf hauchdünner Kruste!« rief ich. »Die müssen wohl lebensmüde sein!«

Sie schaute mich erschrocken an. »Glaubst du, sie könnten durchbrechen?«

»Da, schau' hin! Wenn so ein Ding ins Haus knallt?«

Der Krater war durch einen Asphaltplatz gebrochen, was jedoch niemanden zu stören schien, im Gegenteil: Eine Betonröhre umgab sein Loch und schuf einen natürlichen Backofen, sozusagen einen Dampfkochtopf, der mit Erdwärme das Essen erhitzen konnte. Der Platz schien das Zentrum der Siedlung zu sein, und ein Schild verkündete: »Willkommen in Ohinemutu!«

Also hatten wir durch Zufall die Reste jener reichen

Arawa-Stadt entdeckt, die Ihenga vor Jahrhunderten gegründet hatte. An ihre vergangene Blüte erinnerte noch ein Versammlungshaus, auf dessen Paneelen sich rotgeschnitzte Dämonen drängelten, furchterregende Fratzen mit heraushängenden Zungen und perlmutt-funkelnden Augen. Das Haus bot Raum für Hunderte von Menschen und war Versammlungsort, Kunstwerk und Heiligtum zugleich.

Die Sonne nahm allmählich ihren Abendglanz an, und ich stellte mir die Hütten aus Schilf und Farnbaumstämmen vor, die hier jahrhundertelang im Schwefeldampf geräuchert worden waren, die Silhouetten der Kanus auf dem See und die Menschen in Schilf- und Kiwifedermänteln, mit blau tätowierten Gesichtern und Federn von Dschungelvögeln im Haar.

»Da kommt jemand«, flüsterte Elfriede. Ein älterer Mann, braun wie ein Maori, durchquerte die Schwaden dés Asphalt-Kraters und blieb grüßend stehen.

»Gestatten? Ben aus Rotterdam.«

»Ach nee!« Erst jetzt erkannte ich den Weißen. »Schon lange im Land?«

»So knappe fünfundzwanzig Jahre.«

»Du lebst hier?!« Elfriede schaute auf die Bruchbuden inmitten der stinkenden Dämpfe. »Hier in Ohinemutu?«

»Nein«, grinste er, »aber die Familie meiner Frau. Sie stammt nämlich von hier.«

»Eine Arawa?«

»Ganz recht.« Er warf uns einen überraschten Blick zu. »Ihr kennt euch aus, was?«

»Zufallstreffer«, schränkte ich ein, »wir wissen nicht viel von den Maoris.«

»So? Na, dann kommt mal mit!«

Wir gingen zum Ufer und setzten uns ins Gras. Der See glühte in der sinkenden Sonne, die Schwefeldämpfe schimmerten rosig, und schwarze Schwäne gründelten nach Algen. Ben wies zur Mokoia-Insel hinüber.

»Da draußen erlitten die Arawa ihre schlimmste Niederlage, wußtet ihr das?«

Ich schüttelte den Kopf.

»Nun ja«, fuhr er fort, »das ist keine schöne Geschichte, auch wenn sie schon lange her ist... Sagt euch der Name Hongi Hika etwas?«

»Ein Häuptling im Norden«, nickte ich, »soviel ich weiß, war er recht mächtig.«[1]

»Er hatte Feuerwaffen«, bestätigte Ben, »die Arawa dagegen nur Beile und Lanzen. Und als sie erfuhren, daß seine Flotte in die Bay of Plenty eingelaufen war, zogen sie sich vorsichtshalber nach Mokoia zurück.«

»Und Ohinemutu?« fragte ich.

»Wurde aufgegeben. Kein Kanu blieb am Ufer zurück. Die Arawa dachten, der Feind würde über Land kommen und könne dann nicht über den See, aber das war leider ein Irrtum. Hongi ließ einen Pfad schlagen und transportierte seine Schiffe durch den Dschungel.«

Er räusperte sich und umfaßte mit einer Armbewegung den ganzen See.

»Stellt euch vor, es sei früher Morgen. Zwielicht, dichter Nebel, Stille. Die Wachtposten auf Mokoia sehen und hören nichts, der Nebel schluckt die Geräusche, bis plötzlich ein Möwenschwarm aufschreckt und kreischend die Insel überfliegt. Die Wächter schlagen Alarm, die Arawa fahren aus dem Schlaf und stürzen zum Strand — gerade rechtzeitig, um fremde Kriegskanus aus dem Nebel tauchen zu sehen. Hongi Hika eröffnete das Feuer, und die Arawa sterben wie die Fliegen. Sie wehren sich verzweifelt, aber schließlich sind über tausend von ihnen tot.«

Er schwieg. Der rote See mit der schwarzen Insel, das Versammlunghaus und die Dampfsäulen machten seine Erzählung beklemmend lebendig.

---

[1] Vergleiche Kapitel »Erde und Menschen«.

»Die Geister der Erschlagenen schweben noch umher«, murmelte er. »Sagt jedenfalls meine Frau. Und weiß der Teufel — manchmal glaube ich ihr fast.«

»Und die Überlebenden?« flüsterte Elfriede.

»Nun, die bekamen ihre Freiheit wieder. Hongi nahm seine Beute und segelte nach Norden.« Er stand auf. »Habt ihr nicht Lust, mich zu begleiten? Meine Frau ist nicht da, und mir fehlt die Gesellschaft.«

»Wo wohnst du denn?« fragte ich.

»Ein paar Meilen außerhalb. Ihr könnt bei mir übernachten, wenn ihr wollt.«

So verließen wir Rotorua in seinem Auto und erfuhren unterwegs, wie er hierher gekommen war, eine Geschichte, die Ende der vierziger Jahre in Rotterdam begonnen hatte, mit einem ganz gewöhnlichen Ereignis: Er mußte zum Militär, wie jeder andere junge Holländer auch. Marinesoldat Ben jedoch, der nie die Grenzen seiner Heimat überschritten hatte, wurde nach Übersee verschifft, ins holländische Kolonialreich, nach Indonesien, wo es ihm alsbald so gut gefiel, daß er sich niederlassen wollte. Aber die Kämpfe um die Unabhängigkeit des Landes machten ihm einen Strich durch die Rechnung, weshalb er am Ende seiner Dienstzeit ein Ticket nach Neuseeland kaufte, das damals, kurz nach dem Zweiten Weltkrieg, noch keine Sperre gegen Einwanderer errichtet hatte. Mit 25 Dollar kam er in Auckland an, fand Jobs als Melker und Schafhirt, lernte seine Frau kennen, eine Dienstmagd, zog mit ihr nach Rotorua und arbeitete bis zur Rente in einer Fabrik. Und wenn auch, wie er spitzbübisch bemerkte, der Melker nicht zum Millionär geworden war, so reichte es immerhin für ein Grundstück und ein Haus.

Er bog in einen Feldweg ein und schlingerte durch ausgewaschene Fahrspuren. Grüne Hügel leuchteten im Abendlicht, ein Wäldchen hob sich schwarz vom roten Himmel ab, und ein Bach plätscherte im Talgrund. Dort stand eines der üblichen Holzhäuser, flach, weißrot, mit großen Fenstern. Als wir ausstiegen, hoben ringsumher Schafe ihre Köpfe.

»Selbstgezüchtet«, betonte Ben, »meine Frau macht Pullover aus der Wolle. Kommt!«

Und er führte uns durch einen Paradiesgarten. Kiwis und Äpfel, Papayas und Pflaumen, Zitronen und Orangen, Bohnen, Erbsen und Tomaten, Rhabarber, Knoblauch und Kumaras, Zwiebeln, Gurken und Mohrrüben, Kohl, Salat und Sellerie, das alles wuchs in den Beeten und hing an den Bäumen. Dazwischen pickten Hühner, und in einem Bretterverschlag grunzte ein Schwein. Was immer Ben und seine Frau für ihre Grundbedürfnisse brauchten, sie erhielten es von ihrem Land – Fleisch und Wolle, Obst, Gemüse und Eier, Wasser aus dem Bach und Brennholz aus dem Wäldchen. Sie waren Selbstversorger, wie Steve auf der Coromandel. Unabhängigkeit schien hierzulande hoch im Kurs zu stehen.

Die Sonne ging unter, und wir betraten das Wohnzimmer, wo Schafsfelle auf dem Boden lagen und ein Spinnrad vorm Kamin stand. In einem Glasschrank glitzerten Amethyste und Kristalle, Jade, bernsteingelbes Kauriharz und bunte, polierte Kiesel. Elfriede stieß einen Ruf des Entzückens aus.

»Wo hast du dic her?!«

»Gesammelt«, erklärte Ben geschmeichelt, »die Kristalle und das Kauri-Gum auf der Coromandel. Die Jade stammt vom Arahura-Fluß auf der Südinsel.«

»Und die Kiesel?«

»Well«, lächelte er, »schaut in die Bäche, wenn ihr in der Wildnis seid.«

Er nahm ein rotes, mit Perlmutt und Schnitzereien verziertes Holzscheit heraus und reichte es mir. Es war schwer und fühlte sich steinhart an.

»Eine Kriegskeule aus Totara-Holz«, bemerkte Ben, »vom Urgroßvater meiner Frau.«

Später, beim Tee, erfuhren wir, daß sie den Schädel eines Rangatira, eines Häuptlings, gespalten hatte, worauf sie nie mehr benutzt, aber in Ehren gehalten und von Generation zu Generation vererbt worden war, bis sie als Hochzeitsgeschenk in seine Hände kam.

»Ich war ein junger Dachs damals«, fügte er hinzu. »Die Keule zeigte mir zum erstenmal, wie tief die Wurzeln der Maoris reichten.«

»Schade«, seufzte Elfriede, »heute tanzen sie nur noch für Touristen.«

»Das täuscht!« Er protestierte. »Das ist nur Fassade. In Wahrheit beleben sie ihre Sitten wieder, Gott sei Dank. Sie können ein Stück Selbstbewußtsein brauchen.«

»Und das sagst du, als Weißer?« Ich war überrascht. »Die meisten denken doch wohl anders.«

»So?« Er lächelte amüsiert. »Wie denn?«

»Daß die Maoris faul sind. Daß sie saufen, statt ihre Chancen zu nutzen?«

»Welche Chancen?«

»Die gleichen, die wir haben.«

»Unsinn!« Sein Lächeln verschwand, und er beugte sich in seinem Sessel vor. »Ich glaubte auch einmal daran, vor vielen Jahren, als ich meine Frau kennenlernte. Ich hätte sogar weiter dran geglaubt, wenn mein Farmer mich damals nicht beiseite genommen hätte, kurz vor der Hochzeit, und nur, weil er mein Bestes wollte. Ich sei noch jung, sagte er, meine Eltern seien in overseas, und er fühle sich verpflichtet, eine delikate Sache aufzuklären. Denn, mein Junge, so sagte er, ein Kiwi grüßt den Maori auf der Straße und trinkt mit ihm in der Bar, aber er lädt ihn niemals in sein Haus und schon gar nicht in sein... nun ja. Warum? fragte ich. Weil es sonst, sagte er, sehr leicht passieren kann, daß alle weißen Freunde verschwinden. Seht ihr, da begriff ich, daß man auch ohne Gesetz diskriminieren kann.«

»Stimmt«, nickte ich. »Aber trotzdem, Ben — die

Maoris saufen wie die Löcher, sie versaufen ihren Verstand, das haben wir selbst erlebt.«

»Ja, du meine Güte!« brauste er auf. »Was erwartet ihr denn?! Wir haben ihre Welt kaputt gemacht, und dann wundern wir uns, daß sie dabei geschädigt worden sind?!« Er lief rot an und schleuderte die Worte heraus wie ein Redner auf dem Marktplatz. »Wir bieten ihnen Schulen und Arbeitsplätze und fordern Disziplin, aber wir übersehen völlig, daß nichts davon zu ihnen paßt! Ihre Väter ließen den lieben Gott einen guten Mann sein, unsere dagegen erhoben die Arbeit zur Pflicht, und unsere, nicht ihre, schneiderten diese Gesellschaft zurecht, nach unseren Maßen, nicht nach ihren, und deshalb paßt sie uns wie eine Haut, während sie zwischen sämtlichen Stühlen sitzen. Chancengleichheit! Quatsch! Die gibt es erst, wenn sie so gut wie wir wissen, wer sie sind. Und das lernen sie nur, wenn sie sich erinnern!«

Er schöpfte Luft, griff nach seiner Teetasse und lehnte sich zurück. Sein zorniges Gesicht entspannte sich und wurde ein wenig verlegen.

»Ihr müßt mich alten Trottel schon entschuldigen. Ich vergesse ganz, daß ihr hier fremd seid. Was habt ihr denn so vor in Rotorua?«

»Nichts Konkretes«, erwiderte ich zerstreut, im Geiste noch mit den Maoris beschäftigt. »Vielleicht besichtigen wir eines dieser Thermalgebiete.«

»Tarawera am besten«, nickte er, »da dampft und brodelt es überall.«

»Was ist das — Tarawera?«

»Ein Vulkan hier in der Gegend. Manche halten ihn für eine Zeitbombe, und, offen gestanden, das ist er auch.« Er gähnte und trank seine Tasse leer. »Für mich wird es Zeit. Ihr könnt hier sitzen bleiben, wenn ihr wollt. Und Betten stehen im Nebenraum.« Er gähnte abermals, stellte eine Schale mit Orangen vor uns hin und verließ das Zimmer.

Ich ging auf die Terrasse hinaus und rauchte. Klare,

kalte Sterne funkelten vom pechschwarzen Himmel, der Bach gluckste, und ein Schaf blökte irgendwo in den Wiesen. Elfriede legte mir den Arm um die Schultern.

»Was meinst du?« flüsterte ich. »Wollen wir uns den Vulkan anschauen?«

»Hmm.«

»Möchtest du nicht?«

Sie zögerte. »Und wenn er plötzlich ausbricht?«

»Ach was! Er ist doch ein Kiwi. Er wird uns ausgesprochen gastfreundlich behandeln.«

Wir schliefen gut in dieser Nacht, auf weichen Matratzen und frischen Laken, und als Ben uns am nächsten Morgen weckte, fielen bereits Sonnenstrahlen durch die Gardinen und malten goldene Muster auf den Teppich. Er servierte Spiegeleier und gebratenen Schinken und fuhr uns dann nach Rotorua zurück. Aber kaum fing ich an, ihm zu danken, da winkte er ab, drückte Elfriede einen unrasierten Kuß auf die Wange und sprang ins Auto.

Fünftes Kapitel
Die Geschichte einer Katastrophe

Seit den Tagen, da die Arawa das Land der heißen Quellen in Besitz genommen hatten, war der große Berg Tarawera etwas Besonderes für sie. Damals lebte Tamaohoi auf den Hängen, ein Dämon, der ahnungslose Krieger fraß. Wer ausgeschickt wurde, um sie zu suchen, verschwand ebenfalls, und schließlich machte sich der Schamane Ngatoro selbst auf den Weg. Er, der sogar das Meeresungeheuer bezwungen hatte, fürchtete den Dämon nicht, stürzte ihn in eine Schlucht und begrub ihn unter Felsgestein. Tamaohoi fiel in einen langen Schlaf, und die Arawa hatten endlich einmal Ruhe.

Der Berg war ihnen heilig, tapu, wie sie es nannten. Er ragte über tausend Meter hoch empor, mit wuchtigen Tafelgipfeln, mehr ein Gebirgsmassiv als ein einzelner Berg. Zu seinen Füßen lagen der Tarawera-See und der Lake Rotomahana, und ringsum drängten sich niedrigere Berge, unterbrochen von Buchten und Tälern und bedeckt mit üppigem Regenwald.

Hier führten die Ngati Tuhourangi, die zum Arawa-Volk gehörten, ein Leben in Überfluß und Sorglosigkeit. Die Erde war fruchtbar, die Seen quollen von Fischen über und die Schilfgürtel von Enten und Pukekos, blaugrün gefiederten Sumpfrallen, die schwerfällig flogen und leicht zu fangen waren. Während der Brutzeit schützte sie ein strenges Tapu, danach aber, in einer Sommernacht, versammelten sich die Krieger zur Jagd und paddelten ihre Kanus in die Rohrdickichte, legten Schlingen oder griffen die Vögel mit der Hand, unterstützt von gut trainierten Hunden. Mehrere Tage währte das lautlose Töten, und Tausende von Tieren fielen ihm zu Opfer. Die Frauen kochten das Fleisch in den heißen Quellen am Ufer und pökelten es in Rindengefäßen ein, als Vorrat für magere Zeiten, und ein tagelanges Festmahl beschloß die Jagd. Dann begann wieder der Alltag.

Mitte des 19. Jahrhunderts zogen die Ngati Tuhourangi in ein Tal am Tarawera-See und errichteten ein unbefestigtes Dorf: Te Wairoa. Zur gleichen Zeit kamen weiße Missionare über die Berge, gefolgt von Händlern und Farmern, und um 1880 bot das Dorf eine Mischung aus zwei Kulturen: Maori-Hütten aus Schilf und Farnbaumstämmen neben Holzhäusern weißer Pioniere, Hinemihi, das Versammlungshaus, neben McRae's Hotel, einem stattlichen Gebäude mit zwei von Veranden umrahmten Stockwerken. Es war das Hauptquartier der Touristen, die sogar aus Übersee nach Te Wairoa kamen, um ein einzigartiges Naturschauspiel zu bewundern: die weißen und rosafarbenen Terrassen.

Man reiste damals im Sattel oder in Pferdekutschen durch dünn oder gar nicht besiedeltes Land, speiste in McRae's Hotel zu Abend und betrachtete dabei, sofern man Europäer war, mit Nervenkitzel die dunkelhäutigen Gestalten, von denen das Gerücht ging, sie hätten vor kurzem noch Menschenfleisch gegessen. Früh am nächsten Morgen bestieg man ein Kanu und wurde von kräftigen Maoris über den Tarawera-See gerudert, überquerte zu Fuß einen Landriegel und erreichte einen zweiten See – den Lake Rotomahana. Hier stiegen halbkreisförmige Terrassen wie ein weißer Marmoraufgang am Berg empor, während kochendes Geysirwasser die Stufen herabrieselte und azurblaue Becken schuf. Eine zweite, rosafarbene Terrasse lag am jenseitigen Ufer, und nachdem die Touristen ihr Staunen überwunden hatten, nahmen sie ein Bad, je nach Geschmack in heißen, warmen oder nur lauen Bassins, ließen sich anschließend nach Te Wairoa zurückrudern und genossen Dinner, Drinks und weiche Betten in McRae's Hotel.

Es war bei diesem stetigen Andrang kein Wunder, daß das Leben der Maoris sich veränderte. Viele wurden Christen, nahmen englische Namen an und trugen europäische Kleider, arbeiteten für Lohn bei Farmern und im Hotel, kochten mit eisernen Töpfen und Kesseln — und nahmen den heiligen Berg nicht mehr ernst. Das verbitterte Tohutu Ariki, den hundertjährigen Schamanen des Stammes, und je mehr die alten Sitten verkamen, je zahlreicher das Volk zu den Pakehas überlief, desto kompromißloser zog er sich zurück und hauste einsiedlerisch in seiner Hütte überm See — von den Weißen belächelt, von den Maoris jedoch mit leiser Furcht betrachtet, denn obwohl sie seinen Warnungen nicht folgen wollten, scheuten sie doch die uralten Geheimnisse, zu denen er Zugang hatte. Und wenn Beschwörungen aus seiner Hütte klangen, so munkelten sie, er spreche zu Tamaohoi, jenem menschenfressenden Dämon, der im Bauch des Tarawera-Berges schlief.

Dann, an einem Maitag des Jahres 1886, geschah tatsächlich etwas Unerklärliches: Eine Gruppe von Touristen bestieg an diesem Wintermorgen zwei am Strand bereitliegende Boote, die wie immer von Maoris gerudert wurden. Der See war glatt und ruhig, der Morgen kühl, wie üblich zu dieser Jahreszeit, die Boote machten gute Fahrt, und das Dorf verschwand außer Sicht. Da entdeckte einer der Weißen etwas Seltsames. Die Maoris ließen die Ruder sinken und trauten ihren Augen nicht, denn was da auf sie zukam, war ein Kriegskanu aus alter Zeit, mit vorspringendem Bugspriet und hohem Hecksteven: ein beunruhigender Anblick, denn Boote dieser Art gab es längst nicht mehr. Und die Krieger darin, die im Takt die Paddel schwangen, waren nackt und tätowiert, trugen federgeschmückte Haare und schienen geradewegs aus der Vergangenheit zu kommen. Die Touristen freuten sich über das romantische Bild, die Maoris aber wurden bleich und erinnerten sich an die Legende vom Geisterkanu, einem Phantom, das ihre Vorväter ab und zu gesichtet hatten, wie es vollbesetzt den See kreuzte und Katastrophen ankündigte. Sie erzählten die Geschichte den Touristen, ernteten jedoch nur Unglauben und Spott, während das fremde Boot immer näher kam. Und dann verging auch den Weißen das Lachen: Das Kriegskanu verschwand. Es schmolz dahin, vor ihren Augen, es löste sich in Luft auf.

Am Abend, als die Expedition nach Te Wairoa zurückkehrte, verbreitete sich die Nachricht von der unheimlichen Erscheinung wie ein Lauffeuer. Jeder Maori kannte noch die Geschichte vom Geisterkanu, und da auch die Touristen Stein und Bein schworen, einen Spuk erlebt zu haben, begannen die Bewohner, sich Sorgen zu machen. Und als der alte Schamane Tohutu in der Dämmerung durchs Dorf ging, faßte eine Frau sich ein Herz und verstellte ihm den Weg. »Was bedeutet es?« fragte sie nervös. »Ist es ein Omen?«

Da streckte der Alte seine klauenartige Hand gegen den Tarawera-Berg aus und krächzte: »Du und ihr alle, ihr werdet vernichtet werden!«

Noch in derselben Nacht war diese Prophezeiung im ganzen Dorf bekannt. Viele, auch manche Pakehas, reagierten bestürzt, und die Touristen diskutierten ihre Abreise, aber niemand konnte sich erklären, woher die Gefahr eigentlich drohen sollte, denn Kriege gab es nicht mehr, und die Wettervoraussagen kündigten nichts Ungewöhnliches an. Allmählich fürchtete jeder, sich wie ein Kind zu benehmen, wenn er auf das Orakel eines alten Wilden hin einfach davonlief, und so verließ niemand den Ort, nur wurde in McRae's Hotel mehr getrunken als je zuvor. Und da in den nächsten Tagen nicht das mindeste geschah — von den wilden Gesängen aus der Hütte des

Schamanen einmal abgesehen –, beruhigten sich die Gemüter wieder, und man neigte allgemein der Ansicht zu, daß der Schamane wohl spinne.

So dachte auch Alfred Warbrick, ein Christ und Maori aus Te Wairoa. Eineinhalb Wochen nach der gespenstischen Begegnung auf dem See, an einem regnerischen Wintertag, brachen er und seine Freunde zur Taubenjagd auf und drangen tief in die Wälder ein, kehrten abends zur Hütte am Dschungelrand zurück und brieten ein paar der erbeuteten Vögel am Feuer. Vor ihnen verschwamm der See in der Dämmerung, und drüben stieß die dunkle Masse des Tarawera-Berges gegen die Wolken, gekrönt von Wahanga und Ruawahia, den beiden Tafelgipfeln.

Die Jäger löschten das Feuer und wickelten sich in ihre Decken auf dem Hüttenboden, nur Warbrick blieb noch draußen und schlenderte über die Lichtung. Der Regen hatte aufgehört, einzelne Sterne blinkten durch die Wolkenlöcher, und der Wald war still, nicht einmal die Morepork-Eule rief. Warbrick suchte die Hütte auf, kroch unter die Decken und wunderte sich, daß er nicht schlafen konnte. Plötzlich spürte er ein Zittern in der Erde, sah jedoch keinen Grund, seine Gefährten zu wecken, denn Erdstöße waren im Land der Geysire nichts Ungewöhnliches. Das Zittern klang wieder ab, und Warbrick sank in einen unruhigen Halbschlummer, bis ein Stoß ihn weckte, so heftig, daß er auffuhr und nach einem Moment der Verwirrung von panischer Angst überfallen wurde. Die Erde begann zu bocken wie ein Pferd, die Hütte schwankte, Gegenstände klirrten zu Boden und wurden wie von Geisterhand durch den Raum getrieben. Draußen splitterten und krachten Bäume, dann brach ein furchtbarer Tumult los, ein ohrenbetäubendes Brüllen, begleitet von Donnerschlägen, als würden Kanonen abgeschossen. Warbrick und seine Kameraden sprangen auf die Füße, torkelten zur Tür, rissen sie auf und erstarrten.

Himmel und Erde schienen zu brennen, Blitze zuckten aus purpurnen Wolken herab, und der Berg spuckte Feuer. Riesige Flammengarben schossen in pulsschlagartigen Stößen aus dem Wahanga-Peak, dann schwoll der Lärm zu einem unbeschreiblichen Getöse an, und der Gipfel explodierte. Eine Feuersäule stieg meilenweit in die Höhe, Flammenbälle wirbelten umher, weißglühende Trümmer pfiffen durch die Luft, Qualmwolken wälzten sich über den Himmel, und heiße Asche regnete herab.

Warbrick preßte sich gegen einen Baumstumpf und merkte kaum, daß die Asche seine Haut versengte. Er war wie gelähmt, hatte jegliches Gefühl verloren und registrierte nur noch wie ein Automat, was seine Augen meldeten: daß ein Feuersturm den Vulkan verschlang und daß der Trümmerhagel dichter wurde. Dann fühlte er sich am Arm gepackt und kroch benommen hinter einem Gefährten her, in den Schutz der Hütte, wo ein Verletzter wie von Sinnen schrie. Die Feuersäulen auf dem Berg erloschen, es wurde dunkel, aber das Donnern hielt an und schwere Schläge erschütterten die Hütte. Die Vorderfront der Hütte brach, Staub und Asche drangen herein. Die Männer wußten nicht, daß der ganze Rotomahana-See regelrecht in die Luft geflogen war, und eine Sintflut aus Schlamm und Steinen vom Himmel herabstürzte.

Dann war es plötzlich still. Totenstill. Die Männer hockten starr in ihren Winkeln und wagten nicht, sich zu rühren, bis Warbrick all seinen Mut zusammennahm und die ersten Worte krächzte: »Was mag aus Te Wairoa geworden sein?«

»Mein Gott«, jammerte eine zittrige Stimme, und im Dunkeln begann jemand zu weinen.

Sie beschlossen, bis zum Morgengrauen in der Hütte auszuharren, warteten jedoch vergeblich, denn der Tag verging in absoluter Schwärze, und Licht sickerte erst am übernächsten Morgen herein. Sie stießen ein Loch durchs

Dach, kletterten hinaus und glaubten, sich verirrt zu haben, denn eine endlose Schlammwüste hatte den Dschungel ersetzt, eine Mondlandschaft, aus der entlaubte und zersplitterte Baumstümpfe ragten. Kein Blatt, kein Grashalm hatte überlebt. Die Luft stank nach Schwefel, Asche flog umher, und bleigraue Wolken trübten das Licht.

Warbrick und seine Gefährten kämpften sich nach Ohinemutu durch, wo die verängstigten Bewohner jedoch keine Auskunft über Te Wairoa geben konnten. Also setzten sie ihren Weg dorthin fort und fanden ein Bild des Schreckens vor: Die meisten Hütten lagen unterm Schlamm begraben, als hätten sie nie existiert, und heulende Überlebende wühlten in den herausragenden Trümmern. McRae's Hotel war ein Schutthaufen, die Schule eine Brandruine, aus der die verkohlten Leichen des Lehrers und einiger Kinder geborgen wurden, und nur Hinemihi, das Versammlungshaus, stand aufrecht in all der Verwüstung.

Warbrick fragte nach Tohutu Ariki, dem alten Schamanen, und erfuhr, daß dessen Hütte verschüttet war. »Dann kommt«, forderte er die überlebenden Maoris auf, »Schauen wir nach, was mit ihm ist.«

»Er stirbt«, mutmaßte einer und rührte sich nicht.

»Das wäre nur gerecht!« zischte ein anderer. »Er hat das Dorf vernichtet!«

»Ich habe es selbst gehört!« schrie eine Frau. »Er rief nach Tamaohoi, dem Dämonen!«

Und sie begann zu jammern, und Warbrick sah ein, daß hier nichts zu machen war, fand aber schließlich ein paar Männer, die noch Verstand genug besaßen, um die Hütte freizuschaufeln und ein Loch ins Dach zu schlagen. Warbrick kroch hindurch, bahnte sich einen Weg durch die herabgestürzten Balken und fand den Schamanen im äußersten Winkel, dreckverkrustet und abgemagert, aber in stoischer Ruhe.

»Gib' mir deine Hand!« keuchte Warbrick.

Der Alte schüttelte den Kopf.

»Laß mich allein!« krächzte er. »Ich habe sechs Götter. Ich werde nicht sterben.«

Da zerrte Warbrick ihn gewaltsam hervor, hievte ihn hoch und brachte ihn nach Rotorua ins Hospital. Dort verweigerte er jegliche Nahrung und starb nur wenige Tage später – bis zuletzt ein unbeugsamer Feind der Weißen.

Die meisten Bewohner Te Wairoas kamen in der Katastrophe um. Zwei kleine Dörfer wurden ebenfalls vernichtet. Ein gewaltiger Krater gähnte anstelle des Rotomahana-Sees und füllte sich im Laufe der Zeit mit Wasser. Und für die weißen und rosafarbenen Terrassen, die ohne Spur verschwunden waren, fand sich ein vollwertiger Ersatz am neuen See: das Waimangu-Thermal-Valley, ein Tal mit wilder Erdaktivität.

Die Überlebenden der Tuhourangi verließen für immer ihre Heimat und lebten fortan in Rotorua. Auch die Weißen kehrten dem verhängnisvollen Ort den Rücken. Te Wairoa wurde nie wieder besiedelt.

Sechstes Kapitel

Waimangu

Die unruhige Erde hatte rund um Rotorua eine Fülle thermaler Attraktionen geschaffen, von denen Waimangu am Rotomahana-See die spektakulärste sein sollte. Also mieteten wir Fahrräder, packten Landkarte, Sonnensalbe und Wasserflasche ein, auch Schnuckelchen, die Stoffkatze, und fuhren bei tiefblauem Himmel und verstreut treibenden Haufenwolken auf dem Highway Nr. 5 nach Süden. Das hatte seine Tücken, denn in unregelmäßigen Abständen donnerten wahre Ungeheuer von Lastzügen vorbei, mit Windböen und Motorengebrüll, als hätten sie es darauf abgesehen, uns aus der Fassung zu bringen. Ihre Hupen schmetterten wie Schiffssirenen, und die Fahrer freuten sich, wenn wir fast aus den Sätteln fielen.

Wir hatten zudem seit Monaten auf keinem Fahrrad gesessen, und die Muskeln, vor allem aber die Hintern taten entsprechend weh. Ein kräftiger Wind blies schräg von vorn, und dann begann eine Steigung, die ich nur mühsam bewältigte. Oben ging es über eine Ebene, aber immer noch fiel mir das Treten schwer, als würden die Reifen von einer heimtückischen Kraft gebremst. Ich legte mein volles Gewicht in die Pedalen, trat wütend gegen Wind und Schmerzen an, kippte schließlich ins Gras und verfluchte das Waimangu-Tal und den Schönwetterhimmel, bis Elfriede herankeuchte und schwitzend vom Rad stieg.

»Irgendwas stimmt mit meinen Reifen nicht!«

»Das Arschloch!« knurrte ich finster.

»Wer? Wen meinst du?«

»Den Fahrradhändler!« schrie ich. »Der Scheißkerl hat uns betrogen!«

Ich stürzte zu den Rädern, fand jedoch nichts. Die Reifen waren prall, ohne Luftverlust, die Felgenbremsen scheuerten nicht, und auch die Ketten liefen wie geschmiert. Ich stand vor einem Rätsel. »Was machen wir denn jetzt?«

»Öfter eine Pause«, erwiderte sie. »Und du strampelst nicht mehr wie ein Wahnsinniger die Hügel 'rauf. Wir haben doch Zeit genug.«

Fortan ging es besser, ich konnte sogar die Landschaft genießen — Farm- und Viehzuchtland, schroffe Grashügel wie die Wogen eines im Sturm erstarrten grünen Meeres. Im Osten gingen sie in Waldberge über und endeten an einem düsteren Klotz mit Tafelgipfeln, dem Mount Tarawera. Als wir die ersten Farnbäume passierten, lag ein totes Opossum auf der Straße. Ich hatte die plattgefahrenen Kadaver dieser Tiere mittlerweile so häufig gesehen, daß ich kaum noch Notiz davon nahm, aber Elfriede stieg vom Rad, winkte mich zurück und bedeutete mir, leise zu sein. Nur das Hinterteil des Kadavers ragte aus dem Gebüsch, entstellt von einer blutigen Wunde und umschwärmt von Fliegen. Plötzlich rutschte es tiefer in die Büsche, Zweige und Blätter schwankten. Gleich darauf kam ein schmales, längliches Pelztier zum Vorschein, biß in die Leiche und zerrte sie schnaufend ins Dickicht. Ein Iltis! Die weiße Schnauze war blutverschmiert, die Knopfaugen funkelten vor Gier und nahmen uns Menschen gar nicht wahr — bis ich leise zischte. Da fuhr er auf und erstarrte, huschte blitzartig ins Gebüsch und wagte sich nicht mehr hervor.

Die Straße mündete an einem Schlagbaum, dem Eingang zum Waimangu-Tal. Wir stellten die Räder ab und betraten die sogenannten »tea-rooms«, wo es Snacks, Souvenirs und Tickets zu kaufen gab, denn Waimangu wurde touristisch genutzt wie früher die Terrassen — allerdings behutsam und ohne der Natur zu schaden. Ein Pfad führte durch den Busch ins Tal, zunächst zu einem See, der Blasen warf und wie ein siedender Kessel summte, dann zu roten Felstürmen, die Dampfsäulen ausspien. Waimangu-Cauldron hieß der kochende See; er füllte den Grund eines Kraters, der in der Nacht des Tarawera-Ausbruchs explodiert war und später den schwarzen Geysir beherbergt hatte, eine Fontäne aus Wasser, Schlamm und Trümmern, die vor ihrem Versiegen vier Menschen getötet hatte. Auch der See war schon ausgebrochen, zuletzt vor zehn Jahren, und die Erde unter den dampfenden Klippen flößte kein Vertrauen ein.

Sie war nackt und bot ein urweltliches Bild, als wäre sie eben erst aus Feuer und Rauch entstanden. Spalten rissen sie auf, Gase und Dämpfe fauchten hervor, Wasser kochte in Trichtern, und fetter Schlamm schlug Blasen. Die Erdkruste war schuppig wie eine Drachenhaut, schimmerte rot und grün und klebte an den Schuhen fest. Und überall stank es nach faulen Eiern.

Ein rauchender Bach durchfloß diese Urwelt und tauchte in dschungelartige Wälder ein. Heiße Quellen sprudelten an seinen Ufern und färbten sie schokoladenbraun und algengrün, ölig-schwarz und currygelb, während ringsum das Grün des Urwaldes leuchtete, das Gelb der Ginsterblüten und das Gold der Schilfwedel. Ich wußte nicht, was schöner war, die Pracht des Dschungels oder die bizarre Vielfalt des Vulkangesteins, die spritzenden Trichter der Quellen oder die Farnbaumschirme, die mit den Dampfwolken Verstecken spielten, ich wußte nur, daß die Erde ihre Farben zu einem Rausch verband, den es wohl nirgendwo noch einmal gab, und verglich das Waimangu-Tal mit Island, wo ich den gleichen Kräften zum erstenmal begegnet war. Dort traten sie offen und brutal zutage und formten eine Wüste ohne Leben, hier tarnten sie sich und schufen ein trügerisches Paradies.

Ein Schilfwald schloß sich an, flaumige Wedel wisperten im Wind und glänzten in der Sonne, und als ihr goldenes Flimmern nachließ, war auch das Tal zu Ende; es mündete mit Sumpfwiesen und Binsengras im Rotomahana-See. Drüben stieg der Vulkan aus dem Wasser, sanft und harmlos, weil Licht und Schatten ihn sprenkelten, und auf dem See, dessen Schlamm einmal vom Himmel gefallen war, boten schwarze Schwäne, blaugrüne Pukekos und rotstelzige Austernfischer ein Bild des Friedens. Schnattern und Pfeifen tönte herüber, und die Farben der Landschaft leuchteten, das Blau des Wassers und Himmels, das Weiß der Wolkenschiffe, das lichtdurchtränkte Grün der Farnbaumschirme. Alles schien so üppig und verschwenderisch, daß an Tod und Verwüstung nicht zu denken war.

Wir schwiegen und hingen unseren Träumen nach, bis Elfriede an den Rückweg erinnerte. Müde erreichten wir die »tea-rooms«, und beim Anblick unserer schwerfälligen Räder türmten sich die 26 Kilometer Hügelstraße wie ein unüberwindliches Hindernis vor uns auf. Mit Recht, denn kaum saßen wir in den Sätteln, da taten die Hintern so weh, als bestünden sie aus blutigem Fleisch, und bei der ersten Steigung versagten die Muskeln.

»Ich schaff' das nicht!« Elfriede hatte Tränen in den Augen. »Ich komme nie bis Rotorua!«

»Du mußt!« knurrte ich verbissen, ignorierte die Schmerzen und fuhr den Hügel hinab. Und plötzlich geschah ein Wunder: Das Gefälle hörte gar nicht auf und die Räder liefen wie die Teufel. Wir rasten in sausender Schußfahrt dahin, schrien »Hurra!« und begriffen nicht, daß wir uns am Morgen so hatten schinden müssen.

»Die schwerfälligen Räder, was?« Elfriede lachte und fiel mir während einer Pause um den Hals. »Was sind wir bloß für Vollidioten!«

»Es ging die ganze Zeit bergauf!« rief ich.

»Ja, und wir haben's nicht gemerkt!«

Bei einsetzender Dämmerung fuhren wir in Rotorua ein, erreichten unsere Cabin und stelzten steif wie Cowboys, die tagelang geritten waren, zu Bett. Ich schlief unruhig, geplagt von feuerspeienden Bergen, schreckte mitten in der Nacht hoch und sah Elfriedes Silhouette im Bett sitzen.

»Was ist?« murmelte ich.

»Horch!« flüsterte sie mit so gespannter Stimme, daß ich sofort hellwach war.

Gläser und Geschirr klirrten, die Cabin zitterte, dann herrschten wieder Stille und Bewegungslosigkeit. Wir lauerten noch eine Weile, aber nichts geschah, und als wir das nächstemal erwachten, schien die Sonne durchs Fenster und hatte den nächtlichen Spuk vertrieben.

Teil IV

Gold am Wangapeka

Erstes Kapitel
Nach Süden

Im Herzen der Nordinsel lagen drei tätige Vulkane — der eisgepanzerte Ruapehu, der kegelförmige Ngauruhoe und der uralte Tongariro. Ein Fußpfad schlängelte sich mehrere Tagesmärsche lang durch eine Mondlandschaft aus Kratern und erstarrter Lava, ein sogenannter »Track«, und wer ihm folgen wollte, mußte seine Lebensmittel und alles, was er brauchte, selbst mitschleppen.

Wir wanderten durch Trümmer- und Aschewüsten, die tausendmal zersiebt und umgepflügt worden waren. Türkisblaue Seen schillerten in kahlen gelben Kratern, ein blutroter Schlund gähnte wie der Eingang zur Hölle, und der schwarze, zerfurchte Kegel des Ngaruhoe ragte drohend darüber empor. Wir waren froh, als ein Bach auftauchte, bauten das Zelt in spärliches Moos und kochten fröstelnd unser Abendessen.

»Weißt du eigentlich, welcher Tag morgen ist?« Elfriede schaute trübsinnig über die Lavafelder.

»Der Heilige Abend«, nickte ich. »Meine Mutter schmückt bestimmt den Baum.«

»Und meine backt Plätzchen.« Sie seufzte. »Die wissen gar nicht, wie gut sie's haben.«

Wir aßen Nudeln mit Käse und dachten an gebratene Gänse und Leberpasteten. Währenddessen sanken die Wolken herab, hüllten das Lager ein und ließen uns durch Nebel und Zwielicht treiben, als einzige Menschen in einem undurchsichtigen All. Dann öffneten sich Lükken, in denen der Vulkan wie ein Irrläufer erschien und verschwand. Ein einzelner Stern blinkte herab, und wir starrten zu ihm empor, bis der Dunst ihn wieder verschluckte.

Zwei Tage später verließen wir die Wildnis und trampten südwärts nach Wellington, der neuseeländischen Hauptstadt. Wir gerieten mitten in den Ferienverkehr. Der Highway war voll mit Urlauber-Autos, die bis unters Dach bepackt waren, und nicht alle Kiwis schienen so gastfreundlich zu sein wie unsere bisherigen Bekannten. Die gleiche Engherzigkeit, die wir aus Europa gewohnt waren, gab es auch hier, und manchmal übermannte uns beim Anblick der stur vorbeifahrenden Herrschaften die Wut. Wir brauchten drei Tage für dreihundert Kilometer und mußten zwei Nächte am Rand des Highway verbringen.

In Wellington legten die Fähren zur Südinsel ab, hier waren auch die Büros und Behörden, die Visa verlängern und Flüge umbuchen konnten. Zwischen Weihnachten und Neujahr hatten sie allerdings zu, also faßten wir uns in Geduld, was Gott sei Dank nicht schwerfiel, denn Wellington lag hübsch an einer großen Bucht und hatte neben glas- und chromblitzenden Wolkenkratzern auch farbige Holzhäuser im Kolonialstil zu bieten. Unser Haus war himmelblau, hatte eine Veranda mit verschnörkelten Pfeilern und diente gewöhnlich als Studentenheim, wurde jedoch in den Ferien an Reisende mit schmaler Kasse vermietet.

Tag für Tag war der Himmel wolkenlos. Wir stiegen auf einen Berg und überblickten die blaue Bucht, die Hochhaus-City und die Hafenkais. Abends saßen wir in rauchigen Kneipen. Eines Morgens suchten wir die Hauptpost auf, in der Hoffnung, Briefe aus Deutschland vorzufinden, denn je länger unser früheres Leben zurücklag, je fremder es uns erschien, desto stärker wurde das Bedürfnis, eine Nabelschnur dorthin zu bewahren. Es erleichterte uns, daß zu Hause jemand an uns dachte, daß wir, obwohl weit weg, nicht vergessen waren, und wir sprachen häufig von unseren Freunden und dem, was gewesen war, als wir Deutschland verließen, dem Waldsterben zum Beispiel oder dem Widerstand gegen die Atomraketen. Wir wußten jedoch nicht, was daraus geworden war, denn die einzigen Nachrichten über Deutschland, die wir jemals aus den hiesigen Medien erfuhren, handelten vom kranken Panda in Berlin und von einer Ehefrau aus Bremen, die ihren Mann erstochen, zersägt und eingefroren hatte.

Ich bekam diesmal Briefe von meiner Mutter und von Freunden aus Berlin, während Elfriede leer ausging und ihre Enttäuschung nur mühsam überwand. Wir setzten uns auf eine Bank, aber was wir lasen, war wenig erfreulich: Claudia steckte bis zum Hals im Jura-Examen, Andrea stöhnte über ihre Krankenhausarbeit, und Aurora und Hans-Jürgen hatten sich getrennt. Jeder schien gestreßt und frustriert zu sein, auch hatte die Friedensbewegung die Raketen nicht verhindern können, und in Berlin herrschten Schneematsch, Smog und Kälte. Deutschland kam mir düster vor, voller Pessimismus, und obwohl ich früher selbst in dieser Stimmung gelebt hatte, erschien sie mir heute kaum noch verständlich. Nichts bewies deutlicher als der Inhalt dieser Briefe, wie weit ich mich vom deutschen Alltag entfernt hatte.

»Ich brauch' jetzt einen Schnaps«, erklärte ich, suchte nach einer Kneipe und betrat einen ungemütlichen Schankraum. Die Wirtin sagte etwas, das ich nicht verstand, und wiederholte daraufhin ihren Satz. »Ihr dürft hier nicht 'rein«, sagte sie gleichmütig, »nicht in Jeans.«

Ich starrte sie an, brachte nur ein Kopfschütteln zustande und ging zur Tür. Zwar waren mir diese Kneipenschilder, die Gäste in Jeans als unerwünscht bezeichneten, schon früher aufgefallen, aber erst jetzt begann ich sie ernst zu nehmen. Und als mir draußen vor der Tür richtig klar wurde, daß ich hinausgeworfen war, weil mein Aussehen den Leuten nicht paßte, da brüllte ich wutentbrannt Elfriede an.

»Die leben ja hinterm Mond! Die sind ja total verrückt geworden!«

Ich machte auf dem Absatz kehrt, stürmte in die Kneipe zurück und schrie etwas von miserabler Gastfreundschaft gegenüber Leuten von overseas, schmiß krachend die Tür hinter mir zu und brauchte ein paar Stunden, bis ich den Kiwis auch wieder positive Seiten abgewinnen konnte.

Dann kam Silvester, und um Mitternacht hockten wir bei Sekt und Kerzenlicht in unserem Zimmer, zusammen mit Jean-Claude, einem Schweizer. Die Kirchenglocken läuteten, Schiffssirenen dröhnten, und drei rotgrüne Raketen explodierten im Nachthimmel. Wir entkorkten den Sekt und diskutierten Pläne für die Südinsel, wobei Jean-Claude von einem Track namens Wangapeka erzählte, einem alten Digger-Pfad, der wenig populär sein sollte. Uns packte daraufhin der Drang, die Stadt zu verlassen, und als die Behörden nach den Feiertagen endlich öffneten, warteten wir bereits vor ihren Türen, wiesen genügend Geld nach, akzeptierten ein Arbeitsverbot und bekamen die Verlängerung. Auch der Rückflug ließ sich leicht verschieben, und schon zwei Tage nach dem Schweizer bestiegen wir die Fähre. Der Himmel war grau und wolkenverhangen, die See trug Schaumköpfe, und Elfriede lag mit Übelkeit und Schwindel auf einer Bank in der Cafeteria. Ich hingegen stand an der Reling, reckte die Nase in den Wind und hegte große Erwartungen.

Vor fast dreihundertfünfzig Jahren, am 14. August 1642, verließ der holländische Seefahrer Abel Janszon Tasman

die Stadt Batavia in Niederländisch-Indonesien und segelte mit zwei kleinen Dreimastern, der »Heemskerck«
und der »Zeehaen«, nach Süden, um im Auftrag der Ostin-
dien-Kompanie neue Länder und Reichtümer zu finden –
»zur Ehre unseres Landes, zum Nutzen der Kompanie
und zu Eurem eigenen, unvergänglichen Ruhm«, wie der
Gouverneur von Batavia schrieb. Am 13. Dezember sichtete die Expedition »eine große Landmasse mit starker Bodenerhebung, etwa fünfzehn Meilen entfernt im Südosten.
Wir drehten direkt auf das Land zu, feuerten einen Schuß
ab und hißten die weiße Fahne, worauf die Offiziere der
»Zeehaen« an Bord unseres Schiffes kamen. Gemeinsam
beschlossen wir, so bald wie möglich zu landen…«[1]

Tasman hatte, als erster Europäer, die neuseeländische
Südinsel entdeckt und ankerte in jener Küstenlandschaft,
die heute als Nationalpark seinen Namen trägt. Er wollte
sich mit Trinkwasser und Holz versorgen, aber als ein
Beiboot vom Deck der »Heemskerck« herabgelassen
wurde, um dem Schwesterschiff Befehle zu überbringen,
stießen bewaffnete Maoris in ihren Kanus vom Strand,
enterten das Boot, erschlugen vier Matrosen und trieben
die übrigen in die Flucht. Tasman ließ Segel setzen und
steuerte aus der Bucht heraus.

Seine Entdeckung versprach keinen Gewinn, nur Strapazen und Gefahren, und geriet in Vergessenheit. Erst
128 Jahre später erschien wieder ein europäisches Schiff
in Tasmans »Mörderbucht«, die »Endeavour« des englischen Kapitäns James Cook, und diesmal folgten binnen
weniger Jahrzehnte die Siedler und brannten den Kü-
stendschungel nieder. Nur Reste blieben übrig, und nicht
zuletzt zu ihrem Schutz wurde schließlich der Nationalpark geschaffen.

---

[1] zitiert nach »Tasmans Logbuch«, in: Abel J. Tasman: Entdeckung Neuseelands,
Tasmaniens und der Tonga- und der Fidschi-Inseln«, Edition Erdmann, S. 81

Wir wanderten auf einem Track durch die dämmerigen Höhlen des Regenwaldes, passierten die Ankerplätze der Entdecker und stießen früh am Morgen auf eine traumhafte Bucht. Die Sonne stieg gerade über den Bergen empor, vergoldete einen halbmondförmigen Sandstrand und ließ das Wasser wie Bernstein leuchten. Draußen wurde es grünlich, dann türkis, und dort, wo der Grund schon tief war, strahlte es in dunklem Marineblau. Ich watete beinahe ehrfürchtig in diese Pracht, wie ein Gläubiger in eine Kirche, und bemerkte beim Schwimmen, daß das Meer jetzt flaschengrün aussah und in der Tiefe golden schimmerte.

Ringsum wucherte der Urwald, und hinter den vordersten Farnbäumen bauten wir das Zelt auf. Wir frühstückten nackt am Strand und genossen die Einsamkeit. Honigfarbene Wellen leckten zu unseren Füßen empor, Zikaden dröhnten und knackten im Laubwerk, die Sonne schien heiß, und der Frieden, der über der Bucht lag, verführte uns zum Nichtstun und Träumen. Tag für Tag lagen wir im Sand, verloren uns im endlosen Blau des Himmels und verstanden allmählich, warum die Maoris in ihrer Weisheit die Lebensfreude vor die Arbeitswut gestellt hatten.

Immer wieder ging ich am Wasser entlang, schaute auf den Dschungel und übers Meer, das wie ein blauer, von Diamanten blitzender Teppich zum Horizont strebte. Ich dachte an Robinson Crusoe, auch an die Besatzung der »Bounty«, und wagte kaum zu glauben, daß ich selbst es war, der dieses Südsee-Leben führte, der Trinkwasser aus einer Felsengrotte gewann und Nacht für Nacht unterm Sternenhimmel schlief. Ich fühlte mich an Leib und Seele wohl und wäre gern geblieben, aber die Lebensmittel gingen zur Neige, und wir mußten weiter, zur Bark Bay, wo nachts ein Wolkenbruch herabstürzte, dem unser Zelt nur mühsam standhielt. Am Morgen erschien ein großgewachsener Mann in Turnhose und

Wanderstiefeln auf dem Pfad und lächelte uns freundlich zu.

»Naß geworden heute nacht?«

Ich verneinte. »Nur Wasser unterm Zelt – wie sagt ihr noch dazu?«

»Puddles?«

»Ja. Pfützen.«

Er grinste verschmitzt, ergriff meine Hand und erklärte in breitem Österreichisch: »Ich bin Wolfgang Polt und komme aus Wien.«

Es erwies sich, daß er vor vierzehn Jahren nach Wellington ausgewandert war, zusammen mit Maria, seiner polnischen Frau, und einer Tochter, die heute fünfzehn war und nur gebrochen Deutsch sprach. Wir beendeten den Track gemeinsam, fuhren an Bord eines Postschiffes in die Zivilisation zurück und zelteten auf dem Motor-Camp von Motueka, einer Kleinstadt an der Grenze des Nationalparks.

Zweites Kapitel

In der Kleinstadt

Das Motor-Camp war bunt von Zelten, Wohnwagen und aufgespannten Wäscheleinen, von spielenden Kindern und zu Abend essenden Campern, und die Polts, die am nächsten Morgen nach Wellington zurückfahren wollten, luden uns zu Wein und Kerzenlicht in ihre Behausung ein. Maria wirkte kräftig, energisch, und hatte dunkle, ergrauende Haare. Erika dagegen, ihre Tochter, war blond und zierlich. Wir hatten uns auf dem Track gut kennengelernt, aber erst jetzt fand ich den Mut zu einer heiklen Frage: »Habt ihr kein Heimweh nach Europa?«

»Ach«, lächelte Wolfgang und zog die Schultern hoch, »wir leben hier ganz gut.«

Maria lächelte auch, aber bitter. »Vielleicht gehen wir zurück, wenn Erika alt genug ist, um selbst zu entscheiden, was sie tun will.«

»Das würde ich mir gut überlegen«, warnte ich, »etliche Menschen verlassen doch Europa.«

»Warum?« Maria schüttelte verständnislos den Kopf. »Warum bleiben die nicht da? Schöne Plätze gibt es doch genug, das haben wir gesehen.«

»Aber die sterben aus. Und die Natur geht kaputt. Ist euch das nie aufgefallen?«

»Die Menschen sind uns aufgefallen«, entgegnete Maria, »und die sind längst nicht so langweilig wie die Kiwis und viel kultivierter.«

»Den Männern hierzulande fehlt der europäische Geist«, bestätigte Wolfgang und lächelte Elfriede an,

»und den Frauen der Charme. In Europa gibt es tausend Ideen und Experimente, dort tut sich was, hier dagegen ist alles erstarrt. Erzähle ich das richtig, Maria?«

Sie nickte, sichtlich bewegt, und eine schweigsame Pause entstand. Draußen klangen abendliche Zeltplatzgeräusche, Abwasch-Klappern aus der Küche, die Wasserspülung im Toilettenblock und das Jammern widerspenstiger Kinder, die nicht ins Bett gehen wollten.

»Jedenfalls«, sagte Elfriede dann, »sind die Neuseeländer sehr gastfreundlich.«

»Gott bewahre!« Wolfgang hob erschrocken die Hände. »Niemand soll behaupten, ich fühlte mich unwohl unter den Kiwis! Sie *sind* gastfreundlich, sie sind prima Kerle, aber sie sind eben anders als wir. Sie reden nicht über das, was sie innerlich beschäftigt.« Er trank einen Schluck und fügte hinzu: »Wenn wir auf eine Party oder zum Dinner gehen, dann sprechen wir über Haus und Garten, Urlaub und Sport, Kinder und Geschäfte, aber nie über Weltanschauungen, geschweige denn intime Probleme. Nicht, daß die Kiwis kein Vertrauen zu uns hätten. Sie reden nicht darüber, es wäre geradezu unfein. Freundschaften werden hierzulande durch einen Hausbau geschlossen, durch eine Jagdpartie oder irgend etwas Praktisches, das miteinander verbindet. Sie sind Tatmenschen, die Kiwis, keine Philosophen.«

»Und woher kommt das?« wollte Elfriede wissen.

»Aus der Geschichte«, erklärte er. »Bis vor kurzem rodeten sie ja noch den Urwald, da zählten praktischer Verstand und Muskeln. Erst jetzt können sie sich Zeit lassen und ein wenig Kultur entwickeln.«

»Trotzdem«, erwiderte ich, »glaubt ihr nicht, daß ihr bei aller europäischer Kultur die neuseeländische Wildnis vermissen würdet?«

»Glaubt ihr nicht«, lächelte Wolfgang, »daß ihr trotz aller neuseeländischen Wildnis die europäische Kultur vermissen würdet?«

Vorseite: Haus aus der Kolonialzeit in Parnell, Auckland. *Oben:* Prachtvilla im Pionierstil, Motueka. *Unten:* Lagerhaus eines Häuptlings im Museumsdorf von Whakarewarewa, Rotorua.

Oben: Typisches Viehzuchtland um Rotorua. *Unten:* An der Grenze zum nordwestlichen Waldgebirge der Südinsel.

Oben: Der Autor beim Holzhacken – nichts für Pauschaltouristen. *Unten:* Die Hütte des alten King.

Oben: Unterwegs in Central Otago. *Unten:* Die Hauptstraße von Motueka.

Die Vielfalt der neuseeländischen Landschaft erschließt sich dem, der sich darauf einläßt. *Rechts:* Wer die unberührte Wildnis sucht, muß oft ungewöhnliche Wege gehen. *Folgeseite:* Am Wangapeka-Track.

So war es immer mit den Polts: Wir hatten Meinungsverschiedenheiten und fühlten uns dennoch wohl. Und als Wolfgang Wein nachschenkte, schlug Maria unvermittelt vor: »Besucht uns doch in Wellington.«

»Oh, ja!« platzte die blonde Erika heraus und wies auf Elfriedes T-Shirt, wo ein weißer Schmetterling eingestickt war. »Hast du das gekauft in Deutschland?«

»In Berlin.«

Sie nickte und wandte sich an ihre Mutter. »Siehst du, Ma, ich muß auch einmal dorthin. Solche Kleider gibt es bei uns einfach nicht.«

Es war mittlerweile dunkel geworden, das Camp schlief bereits, und wir verabschiedeten uns und krochen ins Zelt. Das Fenster blieb offen, die Außenplane zurückgeschlagen, und als ich mitten in der Nacht erwachte, fiel mein Blick auf die Umrisse der Töpfe vor dem Eingang. Dort schepperte Blech gegen Blech. Ich fingerte nach Brille, Dolch und Taschenlampe, weckte Elfriede, leuchtete nach draußen und starrte überrascht auf einen Igel. Er stand auf den Hinterbeinen und steckte zur Hälfte in einem Topf, hob plötzlich sein spitzes Gesicht über den Rand, blinzelte ins Licht und trottete auf Stummelbeinen davon.

Am nächsten Morgen gingen wir in den Ort. Veranda-Dächer überspannten die Bürgersteige, ruhten auf hölzernen Pfählen und verbreiteten die Atmosphäre eines Western-Städtchens. Die Wohnhäuser standen zwischen Hibiskus, Palmen und Baumfarnen, Orangen- und Zitronenbäumen, und Tabakfelder reichten vom Stadtrand bis zu einem Gebirge. Motueka war ein wohlhabendes Zentrum, bot alles, was wir brauchten, und gab Gelegenheit für kulinarische Genüsse: zum Frühstück echte Milch und frisches Brot, Eier und Tomaten, und abends Steaks in Zwiebel- und Knoblauchsoße, gebraten auf den Gaskochern in der Camp-Küche. Auch lag am Stadtrand eine Dairy, ein Krämerladen, der das beste Eis in ganz Neuseeland verkaufte, und täglich verlangten wir nach Ho-key-Pokey, Gully Gully Gumdrop und Blue Lagoon, setzten uns draußen auf eine Holzbank und schleckten. Der Himmel war blau, Palmen rauschten, Autos hielten ab und zu, und sommerlich gekleidete Frauen und Männer kauften eine Kleinigkeit. Es war erholsam, hier zu sitzen, und die Bank vor der Dairy wurde zu unserem Stammplatz.

Eines Tages gingen wir jedoch in die Bar des »Post Office Hotel« und trafen auf eine Horde langhaariger und bärtiger Freaks, die so kräftig wirkten, als fällten sie täglich ein paar Bäume. Sie soffen um die Wette, rissen Witze über Frauen und glichen den Hinterwäldlern in Jack Londons Geschichten. Sie gehörten zu den Wanderarbeitern und Tabakpflückern und waren, fürwahr, ein zünftiger Nachwuchs für eine Pioniergesellschaft.

Wir bestellten Bier und Sherry, ließen uns vom Lärm und Gedränge nicht stören und begannen, jenen Track vorzubereiten, von dem Jean-Claude in Wellington erzählt hatte — den Diggerpfad des Wangapeka.

»Wie lange werden wir brauchen?« überlegte ich. »Sieben Tage?«

»Mehr«, erwiderte sie, »der Track soll über siebzig Kilometer lang sein. Und wer weiß, wie das Wetter wird. Besser, wir planen zuviel als zuwenig.«

Also berieten wir den Einkaufszettel, schrieben Nudeln und Reis, Haferflocken und Trockenmilch als Grundnahrungsmittel auf und fügten zwei Dosen Thunfisch hinzu, vier Zwiebeln und sechs Tüten Trockengemüse, eine Flasche Ketchup, zwei Tafeln Schokolade und ein Weißbrot, eine Salami, ein Stück Käse sowie Honig, Kakao, Zucker und Kaffee. Am nächsten Morgen wusch Elfriede unsere Kleider in der camp-eigenen Waschmaschine und hing sie in die Sonne, dann kauften wir ein, ergatterten sogar ein Pumpernickel-Brot, made in West-Germany, und suchten das Bus-Depot von »Newman's«

auf. Sorry, bedauerte die Dame hinterm Schalter, zum Wangapeka fahre leider kein Bus. Nein, westlich von Tapawera verkehre überhaupt nichts mehr. Pakete zur Westküste nähmen die Busse natürlich mit, jawohl, auch eine Lagerung im Depot zu Westport sei möglich.

Wir besorgten Gaskartuschen und neue Heringe, Kerzen und Taschenlampenbatterien, erstanden für jeden eine kurze, weiße Hose und gingen zum Schluß in eine Buchhandlung. Aber außer einer Landkarte gab es nichts über den Track. Er schien tatsächlich wenig populär zu sein.

Vorm Zelt sortierten wir dann unsere Sachen, füllten Pulveriges und Flüssiges in leichte Plastikdosen um und packten zwei Pakete: Das eine, gefüllt mit Lavabrocken, Muscheln, Tagebüchern und Filmen, wurde an die Torys in Te Puke adressiert, mit der Bitte, es für uns aufzubewahren, das andere enthielt alle entbehrlichen Dinge unserer Ausrüstung und wurde mit dem Bus nach Westport geschickt. Schließlich füllten wir die leergewordenen Rucksäcke mit den Nahrungsmitteln und aßen zum letztenmal Steaks. Die Sterne funkelten bereits, und ich fragte mich, wie wohl vor 120 Jahren einem Goldgräber zumute gewesen war, bevor er den Track in die Wildnis begonnen hatte. Damals wie heute überquerte der Wangapeka als einziger Landweg das Gebirge und führte zur Westküste, und vielleicht hatte der Goldgräber den gleichen Stoßseufzer getan wie jetzt Elfriede: »Hoffentlich geht alles gut!«

Drittes Kapitel
Der Goldrausch

»Goldfund in der Neuen Welt!« – diese Nachricht wirkte im Europa des vorigen Jahrhunderts wie ein Zauber-
wort. Es drehte sich ja sowieso alles um Geld, wobei der
Reichtum allerdings den oberen Zehntausend vorbehalten blieb, während Millionen nicht wußten, wie sie vor
Hunger in den Schlaf kommen sollten. »Gold gefunden!«
– was Wunder, daß ein Fieber die Menschen ergriff, ein
Rauschzustand, der die Wirkung jeder anderen Droge
übertraf. In Massen verließen die Männer ihre Eltern,
Frauen und Kinder, stürzten sich in Gefahren, auf die sie
nicht vorbereitet waren, und strömten wie die Lemminge
zu den Goldadern in der Wildnis. Viele fanden den Tod,
die meisten kehrten ärmer zurück, als sie ausgezogen waren, und nur eine Handvoll holte ein Vermögen aus der Erde. So geschehen 1848 in Kalifornien, 1850 in Australien
und sechs Jahre später auf der neuseeländischen Südinsel.

Die war bisher so gut wie unberührt geblieben, denn
die Einwanderer zogen die wärmere Nordinsel vor. Und
während dort die Farmen und Dörfer aus dem Boden
schossen, existierten im Süden erst drei kleine Siedlungen: Nelson, Christchurch und Dunedin, Stecknadelköp-
fe an den Küsten einer riesigen Wildnis. Die benachbar-
ten Maoris waren zu schwach, um an Krieg zu denken,
und so blieb dem Süden das Schicksal des Nordens er-
spart: Als dort die Farmen in Flammen aufgingen, erlebte
er einen Boom, der ihn über Nacht aus seiner uralten
Einsamkeit riß und zum reichsten Landesteil machte.

Der Boom begann in der äußersten Nordwest-Ecke, wo der Aorere-Fluß in jene Bucht mündet, die den Matrosen Abel Tasmans zum Verhängnis geworden war. Seit Menschengedenken hatten hier nur Schilfhütten gestanden, vor kurzem waren zwei Zelte dazugekommen. Im Oktober 1856 entdeckten John Ellis und John James golden schimmernde Steine im Fluß. Sie waren Viehzücher und Farmer, keine Digger, und brachten ihren Fund über Dutzende von Meilen zu einem dritten Siedler. Der kannte die australischen Goldfelder; er warf nur einen Blick auf die Brocken, belud sein Packpferd und folgte den beiden zum Aorere-River.

Es ließ sich nicht lange verheimlichen, daß es im Nordwesten Gold gab, und die Süchtigen schwärmten wie Heuschrecken herbei, stauten den Fluß, zerwühlten sein Bett, holzten den Urwald ab und verwandelten die Ufer in Schlachtfelder geschändeter Erde. Dann versiegte die Beute, aber wo ein goldener Fluß war, konnten ebensogut mehrere sein, und wenn auch die Waldberge zwischen den Diggern und der Westküste lagen, ein Bollwerk von 1800 Metern Höhe, so war die Sucht nach dem großen Fund doch stärker als die Furcht vor der Wildnis. Einzeln oder in kleinen Trupps stießen die Männer bis zu den Quellen der Flüsse vor, in die geheimsten Winkel des Gebirges, rodeten Lichtungen und bauten Blockhütten, bekamen jahrelang keinen Menschen zu Gesicht und wuschen Nuggets aus dem Wangapeka- und Karamea-Fluß.

Die Sensation vom großen Fund jedoch kam nicht aus den Tiefen des nordwestlichen Waldgebirges, sondern aus der südlichen Provinz Otago, dem Hinterland der Stadt Dunedin. Brusthohes Tussockgras wuchs hier auf den Bergen, und die Ebenen waren von Stürmen gepeitschte Prärien, für die sich nur die Schafzüchter begeisterten. Das änderte sich, als der Digger Gabriel Read im Jahre 1861 fündig wurde. Er »schaufelte zweieinhalb Fuß Kies beiseite, stieß auf eine schöne, weiche Schieferschicht und sah das Gold da unten funkeln wie die Sterne des Orion in einer dunklen, frostigen Nacht.«[1]

Dunedin, die Küstenstadt, war eine schottische Gründung und nahm die Nachricht mit schottischem Mißtrauen auf. Einen Monat lang herrschte trügerische Ruhe, dann brach über Nacht ein Run los, ein Wettlauf nach dem Gold, der alles in den Schatten stellte, was Neuseeland je an Hysterie erlebt hatte. Verkäufer verschwanden ohne Kündigung aus den Läden, Schmiede ließen ihren Amboß im Stich, Matrosen desertierten von den Schiffen, und mancher Farmer griff nach Schaufel und Spitzhacke und marschierte mit Gottvertrauen ins Eldorado. Vom Aorere-Fluß und aus dem Waldgebirge, aus Nelson, Christchurch und dem kriegsgeschüttelten Norden eilten die Profis und Amateure herbei, die Glücksritter und Gauner, die Familienväter und Halbwüchsigen, und Woche für Woche landeten zweitausend Digger aus den verödenden Goldfeldern Kaliforniens und Australiens im Hafen der Stadt.

Das breite Grastal, wo Gabriel Read das Gold wie Sterne hatte schimmern sehen, fiel einer Armee von menschlichen Maulwürfen zum Opfer. Viele fanden dort keinen Platz mehr, und Haufen zerlumpter Männer und Frauen, Karawanen müder Packpferde und knirschender Ochsenkarren zogen kreuz und quer über die Berge und Prärien, von Norden nach Süden, von Osten nach Westen und immer tiefer ins Land hinein, je nachdem, wo Gerüchte die neuesten Funde vermuteten, bei Regen bis zu den Knien und Radnaben im Schlamm und bei klirrendem Frost und eisigen Stürmen im Winter.

64000 Digger aus Australien und mehr als 10000 Europäer kamen auf dem Höhepunkt des Rausches nach

---

[1] Zitat von Gabriel Read. Übersetzt und zitiert nach: Morell/Hall: »A history of New Zealand life«, Whitcombe and Tombs Ltd., S.93

Otago, und Goldgräberstädte schossen wie Pilze aus dem Boden. Schotterpisten führten bald zu den wichtigsten Fundorten, bewaffnete Eskorten transportierten das Gold zu den städtischen Banken, und 580000 Unzen wurden bis Ende 1863 der Erde entrissen. Dann geisterten neue Gerüchte durch die Lager, von Funden an der Nordküste, von einem Fluß namens Wakamarina, und auf der Stelle schnürten viertausend Otago-Digger ihre Bündel und brachen dorthin auf. Weitere Massen setzten per Schiff von der Nordinsel über, und mehr als tausend Menschen trafen binnen eines Tages am Wakamarina ein.

Die ersten trauten ihren Augen nicht und tanzten wie von Sinnen am Ufer herum, denn die Nuggets schimmerten unverhüllt durchs Wasser und brauchten nur herausgefischt zu werden! Vier Iren füllten in wenigen Stunden einen Filzhut bis zum Rand, vier Griechen verließen den Fluß mit einem Gegenwert von vierzigtausend altenglischen Pfund, und ein Digger namens Moffat fand schon in der ersten Pfanne Sand mehr Gold, als ihn der Claim[1] und die Ausrüstung gekostet hatten. Zwei Wochen später knotete er zwölf Kilo blanker Nuggets in seine Decke, warf sie über die Schulter und wanderte nach Havelock.

Das war die Goldgräberstadt am Ufer eines in die Berge greifenden Meeresarms, und alle, die den Goldrausch zu Geld machen wollten, hockten hier wie Spinnen im Netz: Spieler, Barkeeper und Nutten, Bankleute und Tänzerinnen, Schmiede, Wagenbauer und Händler. Ununterbrochen karrten Ochsen- und Pferdefuhrwerke neues Urwaldholz heran, überall wurde gehämmert und gesägt, in Windeseile entstanden Saloons, Bordelle und Spielhöllen, Tanzhallen und Billardräume, eine Bank und ein Gefängnis, die Büros einer Zeitung und dreiund-

[1] Vom Digger abgestecktes und von den Behörden lizensiertes Landstück zum Goldgraben.

zwanzig hölzerne Hotels mit Veranden, Vordächern und Pfeilern. Packpferd-Karawanen kamen von den Goldfeldern herunter und wurden vor der Bank unter scharfer Bewachung entladen, und ein Raddampfer aus Wellington vertäute regelmäßig am Kai. Schreiende Reiter und schimpfende Kutscher drängten sich im Staub der Hauptstraße, Planwagen und Ochsenkarren rumpelten vorbei, und Arbeiter schleppten Säcke in die Stores. Damen in Korsetts und langen Kleidern flanierten an den Armen der Gentlemen mit ihren Zylindern, während neu eingetroffene Goldsucher, das Bündel mit Schaufel und Spitzhacke über der Schulter, müde durchs Gewühl schlurften und nach einer Bleibe Ausschau hielten.

Am Sonnabend strömten dann die Digger von den Bergen herab, Horden erlebnishungriger Männer, die nach tagelanger Schwerstarbeit die Taschen voller Goldstaub hatten. Pferderennen fanden statt, Football-Mannschaften kämpften, Bars und Spielhöllen quollen über, und die Nutten konnten den Ansturm kaum verkraften. Auch der Sheriff bekam Arbeit, denn oben in den Bergen entstanden Rivalitäten, und hier unten lockerte der Gin die Sitten. Geschossen wurde jedoch selten, »Guntowns« wie in Australien oder im Wilden Westen waren unbekannt.

Für wirkliche Gefahren sorgten nur jene Regenfluten, die Havelock in ein Meer aus knöcheltiefem Matsch verwandelten. Kaum ein Mensch traute sich dann noch aus dem Haus, und die Straßen verödeten. In den Bergen schwollen die Bäche zu reißenden Wildwassern an, schwemmten Zelte, Brücken und Schleusen weg und trieben die Digger, die bald ohnehin kaum noch fündig wurden, aus der Stadt. Die Zeitung stellte ihr Erscheinen ein, der Dampfer blieb aus, und Spieler, Nutten, Hoteliers und Saloonbesitzer zogen den Goldgräbern nach. Ihre Holzhäuser verwaisten und zerfielen, der Dschungel holte sich die leeren Grundstücke zurück, und Havelock wurde zu einer Geisterstadt.

Die Digger aber überstiegen auf frisch entdeckten Pässen die »Südlichen Alpen« und tauchten in die Urwälder der Westküste ein, wo pausenlose Regenfälle ihr Leben zur Hölle machten. Zelte und Decken schimmelten, die Kleider faulten in Fetzen vom Leib. Viele starben an Grippe und Lungenentzündung, ertranken beim Furten der hochgehenden Flüsse, erfroren auf dem Track über die Alpengletscher oder wurden von rutschenden Bergen begraben. Es gab nur mühselige Dschungel-Pfade, weder Pisten noch Brücken, und die Aufkäufer der Banken schlugen sich zu Fuß durch den Urwald. Sie »schwammen«, wie einer berichtete, »durch gefährliche Flüsse, trugen das Gold wie Lasttiere auf dem Rücken und schliefen bei jedem Wetter auf der sumpfigen Erde, die Satteltaschen voller Gold als Kissen unter dem Kopf.«[1]

Später traten kapitalkräftige Gesellschaften an die Stelle der Pfannenwäscher, die den Fundorten mit Dampfmaschinen und Bergwerken zu Leibe rückten, dann besiedelten Farmer das verwüstete Land. Manchmal aber fiel es auch in seine alte Einsamkeit zurück und bewahrte sie bis auf den heutigen Tag – wie das Waldgebirge im Nordwesten.

[1] Übersetzt und zitiert nach: Morell/Hall: »A history of New Zealand life«, Whitcombe and Tombs Ltd., S. 108

Viertes Kapitel
Auf den Spuren der Digger

Wir wanderten die Straße nach Tapawera entlang und trafen auf ein Auto, das mit offener Kühlerhaube am Rand stand. Ein junger Mann beugte sich über den Motor, griff hinein, wischte sich den Schweiß vom Gesicht und lächelte uns zu. »Wo soll's denn hingehen?«

»Zum Wangapeka-Track.«

»So?« Sein Lächeln verschwand. »Was zum Teufel wollt ihr dort?«

»Zur Westküste wandern«, erwiderte ich verdutzt. »Könntest du uns nicht mitnehmen?«

Er nickte mürrisch, und wir stiegen ein. Jack, so hieß er, schien ungewöhnlich schwer zu arbeiten und wenig zu essen. Er bestand fast nur aus Knochen, Sehnen und Muskeln und hatte zerschundene, vernarbte Hände mit schwarzen Nägeln. Er war tief gebräunt, als lebte er ständig im Freien, und hielt offenbar nichts von Gesellschaft, denn er sagte keinen Ton und starrte stur auf die Straße. Draußen flogen Tabakfelder vorbei, im Westen erhoben sich die Waldberge, gekrönt von felsigen Gipfeln.

»Ich fahre bis Tadmor«, knurrte Jack unvermittelt. »Von da an müßt ihr zu Fuß gehen.«

»Okay.«

»Ich sagte, zu Fuß.«

»Ich habe dich verstanden.«

Er stutzte und warf mir einen Blick zu. »Schon andere Tracks gelaufen?«

»Den Tongariro und Tasman.«

Mir gefiel sein Benehmen nicht, er tat gerade so, als wollte er uns vom Wangapeka fernhalten, und plötzlich kam mir ein Verdacht.

»Was bist du von Beruf, Jack?«

»Warum willst du das wissen?«

»Bist du Goldgräber?«

»Willst du mich ausfragen?«

»Bist du's?«

Er fluchte. »Verdammt noch mal! Wollt ihr vielleicht am Wangapeka graben?!«

»Um Gottes willen!« Ich lachte. »Bist du deshalb so mißtrauisch?«

Er schwieg.

»Findest du denn Gold?« warf Elfriede ein.

»Nur so viel, Lady«, knurrte er, »daß es zum Leben reicht.«

»Und wovon lebst du?«

»Ich schieße mir mein Fleisch.«

»Kaum zu glauben«, staunte ich. »Ich dachte, es gäbe gar keine Digger mehr.«

»Gibt's aber doch, wie du siehst.«

»Und warum, Jack?«

»Mein lieber Freund«, seufzte er, »du fragst zuviel. Ich bin arbeitslos, und eine Schürflizenz kostet nur wenige Dollar. Ich verdiene mir mein Geld auf diese Art, und niemand schreibt mir vor, was ich zu tun habe.«

Das schien eine lange Rede für ihn zu sein, denn er versank wieder in Schweigen. Draußen zogen sonnenverbrannte Grashügel vorbei, dann tauchten die Farmen von Tadmor auf, sonst nichts, nicht mal eine Kirche oder Kneipe. Das Dorfzentrum war eine Straßenkreuzung, gelbe Schilder wiesen nordwärts nach Motueka und westwärts zum Wangapeka-Track.

»Noch könnt ihr umkehren«, meinte Jack.

»Warum sollten wir?« gab ich zurück.

Er grinste nur, drückte uns die Hände, stieg in sein Auto und fuhr davon.

Da standen wir nun in der Mittagshitze und schauten uns um. Dorf und Weideland wirkten wie ausgestorben, und eine staubige Schotterpiste zog auf die Waldberge zu. Die Hitze flimmerte über dem dürren Gras, die Piste blendete in der Sonne, Zikaden zirpten, und nichts bewegte sich, kein Mensch, kein Auto, nicht einmal ein Schaf. Schläfrig wie Niemandsland dösten die Weiden vor sich hin, eine Bannmeile zwischen Wildnis und Menschenwelt. Dann tauchte wenigstens ein Blechröhren-Briefkasten auf, das Zeichen einer unsichtbaren Farm, und wie ein Wunder stand plötzlich eine Holzkirche in der Einöde, mit weißen Wänden und rotem Spitzdach. Ihre Farbe blätterte ab, die Scheiben waren zerbrochen, und die Latten knarrten bei Berührung.

Unsere Schultern schmerzten allmählich vom Druck der Rucksäcke, die Füße brannten vom Laufen auf dem Schotter, und die Augen waren vom Staub entzündet. Immerhin erreichten wir irgendwann die Berge. Wir stürzten zum Ufer des Wangapeka-Flusses und stillten den Durst. Der Track jedoch ließ auf sich warten, und schließlich warf Elfriede ihren Rucksack ab, zog die Stiefel aus und massierte stöhnend ihre Füße.

»Wenn nur mal ein Auto vorbeikommen würde!«

»Sieht nicht so aus«, keuchte ich und wischte mir den Schweiß aus den Augen, »gib mir mal die Karte.«

Aber die Piste schien noch lang zu sein, also brachen wir wieder auf und furteten den Dart-Fluß. Hier hatten die Digger damals ihre Ochsenkarren und Pferdewagen verlassen müssen, um zu Fuß einem Pfad zu folgen, der jenseits der Furt immer tiefer ins Gebirge drang. Heute führte die Piste zwar weiter, aber auch uns wurde klar, daß wir eine Grenze überschritten hatten, denn die Berge rückten jetzt so eng zusammen, daß der Fluß kaum noch Platz im Tal fand. Von den Hängen stieg der Wald herab, zunächst noch licht und von Wiesen durchbrochen, bald jedoch mit urtümlicher Wildheit, und während wir zwischen den Laubmauern dahinwanderten, stellte ich mir die Kolonnen der Digger vor, die schwerfällig hier durchgezogen waren, auf einem Pfad, der mit Schlamm und Sümpfen, Felsen und gestürzten Bäumen das Vorwärtskommen zur Schinderei gemacht hatte: müde Männer mit verfilzten Bärten und schlammverkrusteten Stiefeln. Sie benutzten die Schaufeln und Spitzhacken als Wanderstöcke und transportierten ihren übrigen Besitz auf dem Rücken, die alte Decke, den rußgeschwärzten Kochtopf, die Diggerpfanne und ein Minimum an Nahrungsmitteln. Andere hatten alles einem Packpferd aufgebunden und zerrten es fluchend über Felsen und Windbrüche, wieder andere wurden von ihren Frauen begleitet und schleppten Kleinkinder mit. Sie hatten keinen Dollar in der Tasche, schliefen immer in den selben Decken, froh, wenn es nicht regnete, und waren auf Lagerfeuer angewiesen, auf Fleisch aus den Wäldern und Fische aus dem Fluß. So etwas wie Kocher, Schlafsack oder Wäsche zum Wechseln hatten sie damals nicht im Gepäck.

Stunde um Stunde verstrich, und ich lief nur noch mit zusammengebissenen Zähnen, denn zu den Muskelschmerzen gesellte sich inzwischen Seitenstechen, und an den Fersen scheuerten die Stiefel, als schabten sie die Haut herunter. Irgendwann mußte der verdammte Track doch kommen! Herrgott noch mal, wenn nicht freiwillig, dann eben mit Gewalt! Und ich beschleunigte mein Tempo, ließ Elfriede weit zurück, nahm Kurve um Kurve und eine Steigung nach der anderen. Der Schweiß rann in Strömen, der Atem pfiff, die Beine stampften wie Maschinenkolben über den Schotter. Den Track mußten wir heute noch erreichen, koste es, was es wolle, und wenn dieser verfluchte Anmarsch bis in die Nacht dauern würde! Wieder eine Steigung, wieder eine Kurve, immer noch kein Track, und plötzlich wurde mir schwarz vor

Augen. Ich riß die Arme aus den Riemen und stürzte ins Gras, die Brille flog davon, der Rucksack krachte ins Gebüsch, und ich hämmerte vor Wut und Scham mit der Faust auf die Erde ein.

So fand mich Elfriede. Sie beugte sich verschwitzt und besorgt zu mir herunter.

»Bist du verletzt?«

»Diese Scheißpiste!« fluchte ich. »Dieses gottverdammte Mistland!«

»Na, na«, brummte sie und zog mich in die Höhe, »wo ist denn deine Brille?«

Ich machte eine hilflose Gebärde, die den Urwald, das Tal und die nächsten Berge umfaßte. Sie suchte im Gras und wurde fündig.

»Nun hör' mal zu«, erklärte sie energisch und setzte mir die Brille auf die Nase, »du tust jetzt, was ich dir sage, und schonst deine Kräfte, verstanden? Wir haben nichts davon, wenn du schlapp machst!«

Ich nickte kleinlaut und wuchtete den Rucksack hoch. Schon nach wenigen Schritten erblickte ich einen lehmigen Pfad und betrat eine Lichtung. Laubbäume umringten eine windschiefe Bretterhütte, die voller Spinnweben war, ein Holztisch mit Bänken stand davor. Schwärme schwarzer Eintagsfliegen stiegen aus dem Gras, stürzten sich auf uns und verursachten ein unerträgliches Jucken. Ich suchte fluchend nach dem Mückenöl, und Elfriede fuchtelte mit den Armen.

»Heimtückische Biester!« Sie riß mir das Öl aus der Hand. »Sie sirren nicht einmal!«

»Aber es wirkt«, bemerkte ich und beobachtete, wie die Fliegen kurz vor der Landung abdrehten.

Wir ließen uns am Holztisch nieder und genossen die Gewißheit, am Ziel zu sein. Ich drehte mir eine Zigarette, aber als ich ihren Rauch inhalierte, tat sich in meinem Bauch ein bodenloses Loch auf.

»Du bist ja käsebleich!« rief Elfriede erschrocken.

»Mir ist schlecht«, stammelte ich.

Sie starrte mich an, und zugleich drang ein Knurren und Poltern aus ihrer Magengegend. Dann sprang sie auf und hantierte mit Töpfen und Kocher, bis ein kräftiger Duft von Reis, Trockengemüse und Thunfisch über die Lichtung zog. Jede Unterhaltung erstarb, bis auf spärliche »Ahh's« und »Mmh's«, und wir schaufelten und schlangen, als könnte uns das Essen gestohlen werden. Und als das letzte Reiskorn aus dem Topf gekratzt war, schaute ich betrübt über den Tisch.

»Hast du noch Hunger?« fragte Elfriede.

»Nein. Aber Lust.«

»Ich auch.« Sie leckte sich die Lippen. »Ich könnte alles noch einmal essen!«

»Wollen wir?«

»Lieber nicht. Wer weiß, wozu wir's noch...« Sie stutzte und unterbrach sich. »Schau mal zum Waldrand.«

Dort stand ein junger Mann mit einer Axt in der Hand. Er kam auf uns zu und musterte uns prüfend. Er hatte Sommersprossen, blaue Augen und rotblondes Haar.

»Hi! I'm Patrick Mahoney.«

Ich lud ihn zum Kaffee ein, bot Tabak an und wies fragend auf seine Axt.

»Well«, grunzte er, bediente sich und sog den Rauch in die Lungen. »Ich schlage Tracks frei und mach' Brennholz für die Hütten.«

»Waldarbeiter?« fragte ich.

Er nickte.

»Macht ihr denn hier Forstwirtschaft?«

»Wie meinst du das?«

»Züchtet ihr den Wald?«

Er schaute mich verdutzt an. »Was soll das, mate? Ein Wald wächst von allein, oder? Der Track muß frei bleiben, das ist alles.«

Er trank von seinem Kaffee, stützte das Kinn in die

dreckigen Hände und schaute zum Waldrand, wo die Abendsonne die Wipfel vergoldete.

»Unten am Fluß«, murmelte er, »gibt es Forellen, die sind so lang wie mein Arm.«

»Keine Walfische?« spottete ich.

»Wirklich!« Er sprang auf. »Come on!«

Ich zögerte und spürte meine malträtierten Füße.

»Es ist schön«, drängte er, »aber reibt euch mit Öl ein, sonst fressen euch die Sandflies.«

»Die kleinen Fliegen?«

»Yes.«

Wir nahmen die doppelte Dosis und wankten hinter ihm her, bis die Bäume zurückwichen und eine Urlandschaft enthüllten, die sich im Licht- und Schattenspiel des Abends sonnte. Klobige Bergkörper stürzten von allen Seiten zu Tal, schwarze Kolosse vor der sinkenden Sonne, und Tausende schwarzer Baumkronen schimmerten in goldenen Lichthüllen und schufen ein weithin leuchtendes Wipfelmeer. Der Wangapeka brach eine silberne Schneise hindurch, eingeklemmt von Laubbäumen, die dreißig Meter hoch emporragten und mit knorrigen Ästen übers Wasser griffen, wie Bäume in romantischen Gemälden. Ihre Blätter glühten kupfern oder schimmerten fast durchsichtig, manchmal auch golden oder silbrig, und der Wind raschelte darin, der Fluß rauschte, Tuis und Amseln sangen. Dann schlug eine Glocke an, und Patrick flüsterte, das sei der Bellbird.

Er nannte jene märchenhaften Bäume Südbuchen und belegte das Unterholz mit klangvollen Namen: »Pfefferbaum« und »Stinkholz«, »Kamahi«, »Papauma« und »Hupiro«. Am Rand eines Felsens blieb er stehen und spähte auf den Fluß hinab. Der schillerte grün über den Tiefen, türkis am Ufer und golden wie Honig, wenn die Sonne bis auf seinen Grund schien.

»There!« rief Patrick. »Im grünen Becken!«

Ich starrte eifrig hin und erkannte jeden Kiesel im glasklaren Wasser, aber keinen Fisch, bis Patrick meine Blicke auf die Flußmitte lenkte und mir zwei schwere Leiber zeigte, die mit wedelnden Schwanzflossen gegen die Strömung kämpften. Ein Windstoß riffelte das Wasser, und sie verschwammen wie hinter dunkelgrünem Milchglas.

»Rainbow trouts«, erklärte er.[1]

»Fängst du sie?« fragte ich.

Er wies zur Erde, wo die Asche eines Lagerfeuers zerfiel, und zeigte dann flußabwärts. »See that!«

»Was denn?«

»Digger-Claims. Come on!«

Er kletterte am Felsen hinab, bog in ein ausgetrocknetes Bachbett und führte uns am Ufer zu merkwürdig regelmäßigen Hügeln und Senken.

»Die Gruben dort... you see? Das waren die Claims. Und das Bachbett hier, das war ein künstlicher Kanal.« Er sprang auf einen Hügel und kratzte das Moos ab, wobei Geröll zutage trat. »Schutt, you know? Was die Digger aus den Gruben hackten, das türmten sie zu beiden Seiten auf.«

Und er beschrieb die »sluice box«, eine offene Holzröhre, die damals vom Claim, also der Grube, zum Wasserkanal in den Wald geführt hatte. Der Digger füllte sie mit Uferschlamm und Flußkies, wälzte anschließend einen Felsblock auf den Kanal und zwang so das gestaute Wasser, die »sluice box« hinunterzuschießen und den Schlamm und Kies zu waschen. Größere Steine blieben dabei zwischen Holz- oder Eisenriegeln hängen, der Rest wurde durch die Schleuse geschwemmt und vom Digger mit der Pfanne gesiebt, wobei Kiesel und Sand über Bord flogen und das schwere Gold am Boden zurückblieb. Dann nahm er den Felsen vom Kanal und ließ das Wasser

---

[1] Regenbogen-Forellen

zum Nachbarn fließen. Und mit Glück gewann er pro Woche Gold im Wert von zehn bis fünfzehn englischen Pfund — mehr, als ein Arbeiter damals verdiente.

»Und woher hatten sie das Wasser?« fragte ich. »Aus dem Wangapeka?«

»No«, grinste er und lief schon wieder voraus. Wir hinkten hinterdrein, folgten der Kanalrinne durchs Unterholz und stießen auf einen Bach.

»Here we are«, erklärte Patrick, als wir keuchend bei ihm anlangten. »Sie bauten einen Damm und leiteten den Bach in ihren Kanal. Aber das ist noch nicht alles!«

Er drängte durchs Gestrüpp und schleppte uns zu einer verwilderten Lichtung, wo die Reste eines steinernen Kamins aufragten.

»Das Schulhaus«, verkündete er stolz, »hier stand zwei Jahre lang ein Camp.«

Verblüfft stellte ich mir windschiefe Hütten und qualmende Holzkamine vor, verkohlte Baumstümpfe und aufgespannte Wäscheleinen, robuste Männer mit Bärten und früh gealterten Frauen. Unterdessen setzte die Dämmerung ein, und auf dem Rückweg stolperten wir über Steine und Wurzeln. Im Dunkeln tauchte unsere Lichtung auf, und Patrick wünschte gute Nacht, ergriff seine Axt und verschwand in der Schwärze des Waldes.

Wir bauten das Zelt auf, und Elfriede kroch sofort hinein. Ich rauchte draußen noch eine Zigarette. Der Fluß rauschte, die Blätter raschelten, ein Morepork rief. Und ich war glücklich, hier zu sein.

Fünftes Kapitel
Die Hütte des alten King

Wir wachten auf, als die Hitze das Zelt zum Glutofen machte, wurden draußen von bissigen Sandflies empfangen und rieben uns ein, wobei ein Öltropfen auf unseren Kocher fiel und ein Loch in die Lackschicht ätzte.

»Zum Teufel!« staunte Elfriede.

Wir brachen eilig das Lager ab, tranken den Kaffee im Stehen und wollten gerade die Rucksäcke schultern, als Patrick unter den Bäumen hervorschlenderte und uns zum Tee einlud. Er brauche, sagte er, nur Topf und Kocher.

Ein wenig gereizt gab ich ihm das Verlangte und setzte mich notgedrungen hin, aber noch bevor das Wasser kochte, wurde ich wieder vernünftig. Wir lebten schließlich nicht nach der Uhr, und Patrick gehörte ebenso zu dieser Wildnis wie die Bäume oder der Bellbird. Er bot zudem einen Kontakt, den wir so bald nicht wieder bekommen würden. Warum also nicht den Augenblick genießen? Wir waren doch Vagabunden, oder? Und Vagabunden lebten vom Augenblick.

Ich schob ihm meinen Tabak hin und breitete die Landkarte aus.

»Wie weit kommen wir heute, Pat?«

»Bis Kings hut. Vier, fünf Stunden.« Er goß den Tee ein und drehte sich eine Zigarette. »Die Hütte steht direkt am Track, ihr könnt dort übernachten. Sie gehörte dem alten King, dem Digger.«

»Gehörte?«

»Er starb im letzten Herbst.« Patrick pochte auf die Landkarte. »Habt ihr die Warnungen gelesen?«

»Nein.« Überrascht blickte ich auf die Rückseite. Wandere nicht allein, stand da, und informiere jemanden von Deinen Plänen. Ist Deine Ausrüstung für jedes Wetter gut? Hast Du wassersichere Streichhölzer dabei, um im Regen notfalls Rauchsignale geben zu können?

»So gefährlich soll der Track sein?«

»Yes, mate«, antwortete Patrick lakonisch, »Wildnis ist immer gefährlich.«

»Wir haben noch Essen für neun Tage«, bemerkte Elfriede.

»Das reicht«, nickte er. »Sagt in Stewart's homestead Bescheid, wenn ihr 'rauskommt. Das ist die erste Farm im Westen. And be carefull, you know, paßt auf, daß ihr nicht verlorengeht. Ihr wäret nicht die ersten.«

Nach diesen wenig ermunternden Worten brachen wir auf. Wir überquerten einen Nebenfluß und wurden von der Laubfront der Buchenriesen empfangen, einer geschlossenen grünen Wand, die den Pfad zu versperren schien. Die Stämme und Wurzeln waren knorrig, die Kronen weitverzweigt, aber Farnbäume und subtropische Pflanzen fehlten, und statt Dämmerung herrschte daher Licht. In breiten Bahnen schwemmte es durchs Laubdach, ließ die Blätter flirren und machte die Stämme zu schwarzen Skeletten. Die Luft roch nach Humus und Fruchtbarkeit, und ein frischer Wind wehte aus dem Tal und brachte das Tosen des Flusses mit.

Von Zeit zu Zeit, wenn die Bäume einen Ausblick freigaben, berauschten wir uns an der Schroffheit der Berge und den unermeßlichen Wäldern. Dann führte der Pfad ins Tal hinunter, wo der Fluß laut zu hören war, und ich warf meinen Rucksack ab, zog den Dolch und brach durchs Dickicht bis zum Wasser vor. Das bildete ein ruhiges Becken, leuchtete wie Bernstein und war klar bis auf den sandigen Grund. Ich zog mich aus und sprang in die lockende Pracht hinein, brüllte vor Kälte und stapfte hastig zum Ufer zurück. Dort hockte mittlerweile Elfriede und warf mir einen lüsternen Blick zu. »Wie du aussiehst!«

»Wieso?« Ich entdeckte einen auf Walnußgröße geschrumpften Penis. »Meinst du den da?«

Sie lachte und schüttelte den Kopf. »Dein Bauch ist weg, kein Fett mehr am Körper!«

»Und braun bin ich, was?« Ich war erfreut und wünschte, mehr so schöne Sachen über mich zu hören. »Und meine Muskeln sind gewachsen, findest du nicht?«

»Ein wahrer Supermann«, lachte sie. »Aber im Ernst, du siehst gesund aus.«

»So fühle ich mich auch.«

Ich zog die Kleider wieder an, kurze Hose, T-Shirt, Stiefel, und kletterte, gefolgt von Elfriede, zum Pfad zurück. Der traf wenig später auf eine Furt, wo wir Kaffee kochten und Schokolade aßen, und tauchte dann erneut in die Wälder, während der Fluß in eine Schlucht stürzte. Wir stießen gegen Abend auf eine mächtige Rotbuche. Unter ihrem Laubdach lag, vom Urwald eingeschlossen, das Anwesen des alten King, eine Hütte aus graugewitterten Schindeln, mit rostigem Blechdach und Kaminschlot, einer Fensterluke und zwei gebleichten Geweihen am Giebel.

Es war, als würden all die längst vergessenen Gestalten meiner Jugendbücher wieder lebendig, die Trapper und Fallensteller aus den Rocky Mountains, und als die schwere Bohlentür in ihren eisernen Scharnieren quietschte und ein Streifen vom letzten Sonnenlicht in das halbdunkle Innere fiel, da wurde ich selbst zu einem Trapper und schlich mit dem rußigen Blechkessel zwischen den Buchen zum Fluß, traf unterwegs auf eine zerwühlte Erdspalte, den Claim, und tastete den Urwald nach Gefahren ab. Die Abendschatten löschten allmählich das Licht, nur die Wipfel am Bergkamm leuchteten noch, und ein Wasservogel, ein schwarzer Kormoran, flog mit singendem Schwingenschlag vorbei. Zufrieden tauchte ich den Kessel in den Fluß, stieg das Steilufer wieder hinauf und blieb unter den Ästen der letzten Bäume stehen. Eine lotrechte Rauchsäule quoll aus dem Blechschlot, ein blaugrauer Strich vor dem verdämmernden Wald. Sie roch würzig und versprach Geborgenheit. Ich trat aus dem Zwielicht in den warmen, von Flammen erhellten Raum, stellte den Kessel auf den Tisch und setzte mich vor das Kaminfeuer, auf einen Holzklotz, der als Hocker diente.

Fast die gesamte Einrichtung war dem Urwald abgewonnen, die Bohlen des Bodens ebenso wie die Bretterwände und die niedrige Balkendecke. Der Kamin bestand aus rußgeschwärzten Feldsteinen, der Rauchabzug aus jenem Blechschlot, der draußen das Dach überragte, die Betten aus geschälten Buchenstämmen. Eine Ablage aus zusammengebundenen Ästen hing von der Decke, Waschschüsseln, Blechgeschirr, Büchsen mit Teer, Nägeln und Draht füllten die roh gezimmerten Regale, Fleischschieber und Feuerzangen hingen von einer Stange im Kamin, und zwei niedrige Verschläge, offene Kammern, enthielten Brennholz und Wassertonnen, Sägen, Äxte und Schaufeln, Spitzhacken und Hauklötze — das Werkzeug des täglichen Bedarfs. Bläuliches Licht fiel durch das Fliegennetz der Fensterluke und beschien ein Papier an der Wand, auf dem zu lesen stand, daß Cecil King diese Hütte während der Wirtschaftskrise in den dreißiger Jahren erbaut und bis zu seinem Tod bewohnt hatte — unentwegt auf der Suche nach Gold.

Elfriede warf Äste ins Feuer und hing einen Topf mit Wasser, Nudeln und Trockengemüse hinein. Bald zog köstlicher Duft durch die Hütte, aber diesmal aßen wir mit genüßlicher Langsamkeit und stellten zum wiederholten Male fest, daß der Hunger auch die magerste Mahlzeit zum Leckerbissen machte. Wie lustlos hatten wir dagegen gegessen, als noch ein voller Kühlschrank zur Hand gewesen war, und wie fade hatten selbst die üppigsten Menüs geschmeckt! Der Wert des Essens war im Überfluß ertrunken und tauchte erst hier wieder auf.

Ich legte Holz nach und machte Kaffeewasser heiß. Die Flammen tanzten um den schwarzen Kesselbauch, das Holz knisterte und knackte, schwitzte blasiges Wasser und verströmte Rauchgeruch. Der Feuerschein flakkerte über die Deckenbalken, sprang in die schwarzen Löcher der Verschläge und blinkte auf Äxten und Sägen. Ich stellte mir Gewehre und Felle an den Wänden vor und war sicher, daß weder die Digger in Alaska noch die Trapper in den Rocky Mountains ursprünglicher gehaust hatten als wir in dieser Blockhütte über der Schlucht eines Wildflusses, versteckt in menschenleeren Wäldern. Und plötzlich wurde mir bewußt, daß sich ein Kindheitstraum erfüllte.

Elfriede wickelte ein Tuch um ihre Hand, nahm den Kessel aus dem Feuer und brühte den Kaffee auf.

»Ob Mr. King so etwas auch hatte?«

»Kaffee?« Ich hob zweifelnd die Schultern und dachte an den Track durch den Urwald, bis nach Tadmor, was hin und zurück vier Tagesmärsche waren, eine furchtbare Schinderei, wenn man Blech für Dach und Kamin, Nägel, Werkzeuge und Nahrungsmittel schleppen mußte.

»Nahrungsmittel nicht«, widersprach Elfriede, »der Mann hat jahrelang hier oben gelebt!«

»Du meinst, er hat sich selbst versorgt?«

»Warum nicht? Vielleicht hielt er Hühner und Ziegen und baute Gemüse an.«

»Zumindest jagte er, und zwar auf Rotwild, den Geweihen nach zu urteilen.«

»Und Trinkwasser bekam er aus dem Fluß.«

»Fische auch.« Ich seufzte und schaute in Elfriedes überflackertes Gesicht. »Könnte dir ein solches Leben nicht gefallen?«

Es war Unsinn, diese Frage zu stellen, das wußte ich genau, denn vor der Reise hatten wir uns auf eine Rückkehr nach Deutschland geeinigt. Aber hier, in der alten, romantischen Hütte, erschien mir diese Aussicht grau und trostlos, und das spürte Elfriede wohl auch, denn sie stocherte nervös mit der Drahtzange im Feuer.

»Hätten wir auch Hühner und Gemüse?«

»Sicher.«

»Und eine Kuh?«

Ich nickte.

»Und wo würden wir wohnen?«

»Irgendwo in der Wildnis.«

»Könntest du das überhaupt?«

»Ich möchte es probieren.«

»Na, zunächst mal sind wir ja noch hier.«

Dabei ließen wir es bewenden, entschlossen, diesen märchenhaften Abend nicht zu belasten. Draußen kam Wind auf, und als ich hinausging, war die Finsternis undurchdringlich. Der Fluß murmelte in der Schlucht, die Buchen rauschten und knarrten. Ich dachte an die Kiwis, die jetzt mit langen Schnäbeln nach Insekten stöberten, und an die Opossums, die vermutlich in den Bäumen hockten und zu ergründen versuchten, wer in die Hütte eingezogen war. Vielleicht versteckte sich auch irgendwo ein Wildschwein und belauerte den Lichtfleck des Fensters, der frei in der Schwärze zu schweben schien, oder die Funken, die aus dem unsichtbaren Schlot sprühten. Die Hütte selbst war verschwunden und schälte sich erst aus der Nacht, als ich direkt davor stand.

Das Feuer drinnen war niedergebrannt, und Elfriede lag bereits im Buchenbett. Ich hängte meine Kleider über einen Ast, der an Drähten von der Decke hing, und kroch in meinen Schlafsack.

»Ich habe Hunger«, murmelte sie.

»Ich auch.«

»Mmm! Haferflocken mit Kakao und Zucker!«

»Die gibt's zum Frühstück.«

»Gott sei Dank!«

Ich horchte auf das Zischeln der zerfallenden Glut und auf das Grummeln des Windes im Blechschlot, fiel in einen unruhigen Schlaf und schreckte plötzlich hoch.

»Horch! Es klopft!«

Ich hörte nichts, schlief weiter und erwachte erst, als ein Sonnenstrahl durchs Fliegenfenster fiel und die Asche im Kamin beleuchtete. Die Luft war frostig und roch nach kaltem Feuerrauch, und Elfriede hockte aufrecht im Schlafsack. Ich grunzte einen Morgengruß und bekam zu meiner Verblüffung eine Gruselgeschichte zu hören.

Drei laute Schläge hatten in der Dämmerung gegen die Tür gedröhnt, als fordere jemand nachdrücklich Einlaß, aber die Tür, obwohl unverriegelt, war nicht geöffnet worden. Nur im Blechschlot hatte es unheimlich gegrollt.

»Der alte King«, grinste ich.

»Aber der ist doch tot.«

»Sein Geist geht vielleicht um.«

Sie starrte mich erschrocken an.

»Ach was«, beruhigte ich sie und schwang die Beine in den Sonnenstrahl. »Weißt du, was mich jetzt viel mehr interessiert? Das Frühstück mit den Haferflocken!«

Sechstes Kapitel

Im Tal des Karamea

Wir wanderten fortan durch Buchenwälder, die immer schattiger, feuchter und geheimnisvoller wurden. Flechten wehten wie Bärte herab, Moos vermummte die Bäume und verhüllte Wurzeln und Felsen. Der Wald war ganz in grünen Pelz gekleidet und schuf mit moosigen Türmchen und Kuppeln, mit grünen Spinnenbeinen und Krakenarmen eine verwunschene Anderswelt, ein Reich der Trolle und sprechenden Tiere. Bald näherten sich zwei Fantails, kleine Vögel, die unseren Blaumeisen ähnelten, breiteten ihre Schwänze zu schwarz-weißen Fächern aus und vollführten elegante Lufttänze. Elfriede streckte behutsam den Arm aus, und sie landeten auf ihrem Finger, ehe sie zirpend ins Gebüsch flogen.

»Mein Gott«, stotterte sie, »wo sind wir hier?«

»In einem Zauberwald«, flüsterte ich. »Tiere und Menschen sind hier noch gleich.«

Und so war es wirklich, denn kaum rasteten wir an einem Bach, da trat ein hühnergroßer Vogel aus dem Laub, schwarz-braun gefleckt und auf kräftigen roten Beinen — ein Weka! Die Vorfahren hatten das Fliegen verlernt, und ihr Abkömmling stolzierte nun stracks zu meinen Füßen, beäugte die Stiefel und hackte hinein. Ich erschrak, das Weka auch, aber statt zu flüchten, retirierte es nur ein paar Schritte, strich um meinen Rucksack und knabberte die Lederriemen an. »Hau' ab!« rief ich, und gemächlich verschwand es zwischen den Zweigen.

Kurz vor der Quelle des Wangapeka stiegen wir über

einen Paß ins jenseitige Tal und folgten dort dem Kara-
mea-River, bis er donnernd in die Schlucht stürzte. Wieder mußten wir am Berg hinauf, stießen zu allem Überfluß auf einen Windbruch, zwängten uns durch verklam-
merte Äste und entdeckten gleich darauf, daß der Track
zum fußbreiten Band am Rande einer Felswand wurde.
Wir atmeten tief durch, krallten uns an Wurzelstrünken
fest und preßten die Körper gegen den Fels, setzten langsam einen Fuß vor den anderen und vermieden es, in den
Abgrund zu blicken. Dann erreichten wir sicheren Boden, stolperten zu Tal und trafen erneut auf den Karamea.

»Ogottogott!« jammerte Elfriede. »Sollen wir da auch
noch 'rüber?!«

»Sieht ganz so aus«, stöhnte ich verdrossen, wischte
mir den Schweiß vom Gesicht und setzte mich hin. Es
war eine unbeschreibliche Erleichterung, die Beine aus-
zustrecken, auch wenn uns die Sandflies umschwärmten,
allerdings in respektvoller Entfernung vom Mückenöl.

»Wenn man bedenkt«, sinnierte ich, »daß die Digger
sogar mit Pferden hier durchgekommen sind... Möchte
wissen, wie sie die Felsnase bewältigt haben.«

»Woher weißt du, daß sie hier waren?«

Ich zog die Karte aus dem Rucksack und faltete sie
auseinander. »Hier... der Nugget Knob, der Goldklum-
pen-Berg. Und der Mount Brilliant, der strahlende Berg.
Sie waren bestimmt in der Gegend.«

»Also los«, knurrte sie statt einer Antwort, »packen
wir die verdammte Furt!«

Ich stopfte meine Strümpfe in die Stiefel, hing sie mir
um den Hals, schulterte den Rucksack und stieg in den
Fluß. Das Wasser schnitt so eisig in die Haut, als käme es
aus Gletschern, und die Strömung ließ mich schwanken.
Ich versank bis zu den Hüften, rutschte über seifenglatte
Steine und biß die Zähne zusammen, denn das Blut
schien in den Adern zu gefrieren, und die Füße schmerz-

ten so brutal, daß mir Tränen in die Augen traten. Endlich erreichte ich flacheres Wasser, platschte ohne Rücksicht auf zerschundene Zehen ans Ufer, warf den Rucksack ab und rieb die Füße, bis das Blut wieder zirkulierte.

Später stapften wir durch schwarzen, schmatzenden Morast, in dem wir bis zu den Waden versackten. Pfahlwurzeln ragten wie Mangrovenwälder aus dem Sumpf, rochen nach Fäulnis und beherbergten Myriaden von Sandflies. Die Dämmerung fiel, und wir fürchteten schon, im Schlamm zelten zu müssen, als die Erde plötzlich fester wurde und direkt am Fluß ein Blockhaus sichtbar wurde, mit Blechdach und Kaminschlot. Wir stießen die Tür auf, wankten zu den Bettgestellen und blieben stumm für eine Weile liegen.

Dann spürte ich den Hunger, nahm einen Eimer und humpelte zum Fluß, wo moosbepelzte Äste überm Wasser hingen. Elfriede schleppte Holz in die Hütte, brachte ein Kaminfeuer in Gang und stützte, nachdem wir gegessen hatten, müde ihr Kinn in die ruß- und fettverschmierten Hände.

»Bleiben wir morgen hier?«

»Gern«, gähnte ich, »aber reichen die Lebensmittel?«

Sie nickte. »Wir haben noch mehr als die Hälfte. Wir kommen durch, auch bei schlechtem Wetter.«

Mitten in der Nacht wachte ich auf und lauschte dem gedämpften Rauschen des Flusses und dem Knacken der Wände, die sich in der Kälte zusammenzogen. Plötzlich erscholl ein Fauchen, dann ein schnorchelndes Geräusch.

»Bist du das?« flüsterte Elfriede.

»Na hör mal!« protestierte ich.

»Ein Igel?«

»Der schnorchelt nicht.«

»Vielleicht sollten wir…« Sie brach ab, denn draußen klang es, als schlürfe jemand eine Tasse leer. Ich kroch aus dem Schlafsack und schauerte in der Kälte zusammen, griff nach Brille und Taschenlampe und schlich zur Tür.

»Hast du das Messer?« zischelte Elfriede.

»Ja.«

»Warte! Ich muß pinkeln!«

Sie hockte sich dicht vor die Hütte, während ich die Büsche ableuchtete. Aber nichts rührte sich, und alles blieb still, nur der Fluß polterte, und die Buchen rauschten.

Am Morgen stieg die Sonne rötlich über die Berge und tauchte das Tal in kristallklares Licht. Die Wälder glitzerten vor Tau, und die Flechten schimmerten so golden und durchsichtig, als schwebten lauter Feen zwischen den Bäumen. Wir sprangen in den eiskalten Fluß und frühstückten in der Sonne, erforschten danach die Umgebung und entdeckten einen See. Schilf und Binsengras wuchsen ins Wasser hinaus, Skelette ertrunkener Buchen ragten zur Oberfläche empor, und Schwärme von Libellen jagten nach Insekten. Es war warm und still, auch die Sandflies störten nicht, und wir liebten uns im Moos am Ufer.

Nachmittags saß ich vor der Hütte und schrieb Tagebuch, während Elfriede mit einer Axt Brennholz spaltete. Sie machte Feuer im Kamin und fegte Staub und Splitter zur Tür hinaus, schöpfte Wasser aus dem Fluß, erhitzte es und wusch ihre Haare, die Socken und das T-Shirt. Dann spannte sie Schnüre zwischen den Stämmen und hing die Wäsche in die Sonne.

Wahrlich, dachte ich, wir leben hier wie Pioniere, vermissen weder Küche noch Dusche, weder weiche Betten noch elektrisches Licht. Und abermals wünschte ich mir, ein Stück dieser Wildnis zu roden, ein Blockhaus zu bauen und in der Abgeschiedenheit zu hausen. Warum sollte ich nicht lernen können, wie man Bäume fällte, Hirsche jagte und Hühner hielt? Um das Gemüse würde sich Elfriede kümmern, die kam ohnehin vom Land und hatte Fingerspitzengefühl dafür.

Plötzlich aber fiel mir ein, wie knapp unsere Zeit geworden war, und bestürzt holte ich die Landkarte aus der Hütte und fuhr mit den Fingern über all die faszinierenden Gebiete, die ich noch nicht gesehen hatte: die Gletscher der südlichen Alpen, die Prärien Otagos, das fast unerforschte Fjordland und die menschenleere Steward-Insel — ach, und vieles mehr! Wir aber wollten nach Deutschland zurück, schon in zwei Monaten, und das war hier, im Tal des Karamea, geradezu unfaßbar! Vor meinem inneren Auge tauchten die Bilder eines verseuchten und übervölkerten Landes auf, das bis in die letzten Winkel besiedelt war, zerschnitten von Straßen, Autobahnen und Schienensträngen, Landepisten und Panzertrassen, Schiffahrtskanälen und Leitungen aller Art. Viehweiden und Äcker hatten längst die letzten Moore verdrängt, und was an Wäldern noch existierte, war angepflanzter Rohstoff für die Industrie. Die Bäume standen mitunter so licht, daß man halbe Kilometer durch den Wald schauen konnte, und die wilden Tiere wurden per Abschußplan und Winterfütterung gezüchtet. Was für mich dort noch zu holen war, glich dem Stöbern in alten Ruinen: Manchmal, in seltenen Momenten, spürte ich den Widerhall einer verschwundenen Macht, meistens aber war es dafür nicht still genug, denn irgendwo brummte immer ein Auto, tuckerte ein Trecker, donnerte eine Eisenbahn oder wummerte ein Flugzeug.

Und diese von Menschen gemachte Kulturlandschaft krepierte unaufhaltsam vor sich hin. Die Erde versauerte, die Wälder gingen ein, die Flüsse stanken wie Kloaken, und zahlreiche Tier- und Pflanzenarten starben aus. Großstädte und Industriereviere verpesteten die Luft und sorgten jeden Winter für Smog-Alarm. Gift drang aus Fabrikschloten, Abwasserröhren und Mülldeponien, aus schadhaften Atomkraftwerken, gesunkenen Öltankern und explodierenden Chemielagern, aus Autoauspuffen und Flugzeugdüsen, sogar aus Düngemitteln und lackiertem Holz. Täglich warnten die Zeitungen vor diesem oder jenem Nahrungsmittel, und täglich schloß das deutsche Volk die Augen und schwor statt dessen auf Konsum und Überfluß. Migräne und Depressionen, Fettsucht, Asthma und Herzinfarkte, Kreislaufbeschwerden und Wirbelsäulenschäden waren bereits Volkskrankheiten, Pseudo-Krupp und umweltvergiftete Organe wurden erst nach und nach entdeckt. Der alte Kontinent, der die Welt zivilisiert hatte, hing wie eine Pestbeule am Körper der Erde, und je deutlicher mir das bewußt wurde, desto trostloser erschien mir die Rückkehr in ein Land, wo die Wildnis tot war und die Restnatur im Sterben lag. Wer die Zukunft sehen wollte, brauchte nur auf London und Berlin zu schauen – Modelle einer Welt aus totem Boden und künstlichen Genüssen. Später, nach dem Verschwinden der natürlichen Luft, würde man sie synthetisch beatmen, mit einem Plastik-Himmel vor dem Ozonloch schützen und zum perfekten Beispiel menschlichen Fortschritts machen: vollautomatisiert und computergesteuert, kontrolliert von einer technokratischen Elite, bedient von Robotern und Genmanipulierten und belebt von degenerierten Menschen, die ihre Nahrung in Pillenform schluckten und Bäume und Gras in gläsernen Museen bewunderten. Ich glaubte nicht, daß das nur Science Fiction war. Die alte Welt, die weiße Rasse, schien seit Jahrtausenden nach diesem Ziel zu streben.

Aber all das waren lästige Gedanken, und ich stand auf und ging in die Hütte. Das Feuer flackerte im Kamin, der Boden war gefegt, der Tisch gedeckt, aber ich konnte mich nicht so recht darüber freuen. Und während wir Trockengemüsesuppe aßen und der Feuerschein über unsere Gesichter huschte, erzählte ich von meinen Sorgen. Elfriede hörte schweigend zu, nahm einen Kessel mit Kaffeewasser aus dem Kamin und warf trockene Scheite ins Feuer. Die Flammen züngelten empor, und riesige Schatten schwankten über die Bretterwände.

»Glaubst du im Ernst«, fragte sie, »du könntest hier ruhig sitzen und zusehen, wie Europa kaputt geht?«

»Was soll ich denn tun?«

»Das ist deine Sache. Ich schildere dir nur die Kehrseite der Medaille.«

Ich sprang auf und wanderte erregt im Raum umher. »Wie soll ich in einem kranken Land gesund bleiben? Wie stellst du dir das vor? Und wie soll ich gegen etwas kämpfen, das nicht mehr aufzuhalten ist?«

»Wenn alle so denken würden!«

»Sie tun es ja nicht.«

»Aber wenn!« Sie fuhr so heftig mit der Zange ins Feuer, daß es aufloderte. »Man kann doch einen Kontinent nicht einfach abschreiben!«

»Sich selbst aber auch nicht!« stieß ich hervor. »Ich will mich nicht opfern, auch nicht für eine gute Sache! Ich hab' schließlich nur ein Leben!«

Mir wurde heiß, und ich öffnete die Hüttentür. Der Mond, eine große, silberne Scheibe, hing über den schwarzen Wäldern und tauchte sie in geisterhaftes Licht. Elfriede kam mir nach und nahm mich in die Arme. »Wir brauchen ja nicht ewig in Deutschland zu bleiben.«

»Würdest du denn wieder mitkommen?«

»Ich glaube schon«, lächelte sie, »nur möchte ich vorher noch einmal zurück.«

Wir schliefen schlecht in dieser Nacht, wurden abermals von schnorchelnden Geräuschen geweckt und entdeckten im Mondlicht die Silhouette eines Tieres, das seelenruhig über die Lichtung schnürte. Es hatte einen buschigen Schwanz, war lang und pelzig wie ein Marder, aber plumper — zweifellos ein Opossum.

Siebtes Kapitel
Zur Westküste

Wir verließen den Karamea und stiegen steil bergauf, über mannshohe Wurzelstufen, schlüpfrige Felsen und modernde Stämme, an Abgründen vorbei und durch Geröllfelder, wo die Füße bei jedem Schritt wegrutschten. Dann erreichten wir die Baumgrenze und standen mit zitternden Beinen auf dem Little Wanganui-Sattel, 1086 Meter hoch. Gipfelzacken und Grate zerschnitten den westlichen Himmel, die Wälder kletterten von den Felsenzinnen bis zum Wanganui-Fluß hinab. Und hinten in der Ferne, wo die Berge aufhörten, offenbarte sich ein bläulicher Schimmer – das Meer!

Bis dorthin stand uns noch einiges bevor, also rutschten und stolperten wir zu Tal, alles umklammernd, was Halt bieten konnte, Baumstümpfe, Wurzeln, Äste. Der Urwald veränderte sich, Kohlpalmen tauchten auf, schlanke Stämme mit stacheligen Kugelköpfen, dann Farnbäume, Nikaupalmen und Lianen, bis uns subtropischer Dschungel umgab. Das Tal wurde zur Schlucht, hatte nur noch Platz fürs Ufergeröll. Und wir kletterten von einem Block zum nächsten, zogen uns auf der einen Seite hinauf, glitten vorsichtig auf der anderen hinunter, krochen über tiefe Spalten, furteten den Fluß und sehnten uns allmählich nach der nächsten Hütte. Aber auf der Lichtung, wo sie laut Karte stehen sollte, lag nur ein rostiger Schlot im Farn.

»Scheiße!« stöhnte ich. »Die haben sie abgerissen!«
»Was nun?« Elfriede war dem Weinen nahe.

»Weiter!« knurrte ich verbissen.

Und wie vor einigen Tagen schlurften wir apathisch dahin und hoben kaum noch die Füße, so daß wir immer häufiger stolperten. Dann erreichten wir eine sumpfige Niederung, denkbar ungeeignet zum Lagern, aber trotzdem bauten wir das Zelt auf. Und es kam, was kommen mußte: Beim Abendessen schwärmten die Sandflies wie schwarze Wolken aus dem Sumpf, und sie bissen trotz des Mückenöls. Elfriede wickelte genervt das dünne, durchsichtige Halstuch um ihren Kopf und hob es jedesmal ein wenig an, wenn sie mit dem Löffel in den Mund wollte, konnte jedoch nicht verhindern, daß Dutzende der schwarzen Biester in den Milchreis fielen und in ihren Bauch gelangten. Sie floh ins Zelt, als die Nacht sich niedersenkte, ich hingegen rauchte noch eine Zigarette und schaute auf den Fluß, der im Widerschein des Sternenlichtes blinkte. Ein schwarzer Felsenriese stand vor dem glitzernden Himmel, auch die Baumwipfel zeichneten sich dunkel davor ab, und das Kerzenlicht, das als gelber Streifen aus dem Zelt fiel, versprach Geborgenheit.

Elfriedes Schrei riß mich aus dem Schlaf, dann brach ein ohrenbetäubendes Donnern los. Die Wände schwankten, die Stangen klirrten, die Wassermassen, die offenbar vom Himmel stürzten, drückten die Außenplane so dicht ans Innenzelt, daß sie jeden Augenblick zerreißen konnte. Ich fühlte, wie mein Schlafsack am Fußende feucht wurde, fand im Schein der Lampe winzige Risse im Zeltboden, durch die das Wasser quoll, und machte noch eine Entdeckung: Die Erde war satt, konnte nicht mehr schlucken, und das Gras zwischen Außenplane und Innenzelt, das Gras, in dem unsere Rucksäcke lagen, füllte sich mit Wasser. Meine Kippe schwamm bereits vorm Eingang, aber das Krachen der Fluten, das Schütteln der Wände nahm kein Ende. Ich deckte den Boden mit dem Regencape ab, prüfte den Wasserstand im Vorzelt und fluchte.

»Was ist?« schrie Elfriede.

»Es steigt!«

»Du meinst...«

»Jawohl, verdammt! Wir saufen ab!«

Zwar stieg das Wasser noch am Kunststoffboden hoch, aber der Zeitpunkt war abzusehen, wann es durch die Baumwollwand hereinfließen würde. Elfriede schaute auf ihre Uhr und schüttelte den Kopf.

»Dreißig Minuten!« rief sie heiser.

»Da rutschen die Berge!« schrie ich zurück.

»Und der Fluß? Wir liegen direkt am Ufer!«

Ich zuckte die Achseln und deutete aufs Vorzelt. Das Wasser stand fingerbreit unter der Baumwollwand und schwappte um die Rucksäcke, während die Kippe wie ein weißes Schiffchen umherfuhr. Elfriede war bestürzt.

»Was tun wir, wenn wir vollaufen?!«

»Flüchten!« brüllte ich. »Die Berge hinauf!«

Hastig suchten wir die wichtigsten Sachen zusammen, Kamera, Filme, Tagebuch und Brustbeutel, Kochgeschirr, Haferflocken, Feuerzeug und Stoffkatze, stopften alles in zwei Plastiktüten und hatten die Evakuierung gerade vorbereitet, als das Donnern allmählich in ein leiseres Prasseln überging. Ich kroch nackt hinaus und leuchtete umher. Silbrige Regenfäden geisterten durchs Licht, Schilf und Grasspitzen ragten aus knöcheltiefem Wasser wie aus einem verlandenden See, und der Fluß toste über das Ufergeröll. Ich platschte ums Zelt, klemmte die Taschenlampe zwischen die Zähne, tastete unter Wasser nach den Heringen und straffte die Plane. Soviel stand fest: Einen zweiten Wolkenbruch würden wir hier nicht überstehen. Andererseits war es sinnlos, in Nacht, Regen und überschwemmtem Gelände nach einem neuen Platz zu suchen. Wir konnten nur warten und hoffen.

Ich kroch ins Zelt, rieb mich trocken und knipste die Lampe aus. Das Prasseln war immer noch laut und heftig, und ich dachte daran, wie falsch es gewesen war, dieses

Land für ein harmloses Paradies zu halten. Zwar fehlten die gefährlichen Tiere, aber dafür bebte ohne Vorwarnung die Erde, explodierten Vulkane und schwemmten Regenfluten ganze Dörfer weg. Wir konnten von Glück reden, wenn wir mit dem Schrecken davonkamen, und ich dankte stumm unserem Zelt.

Am Morgen war das Wasser verdunstet und die Luft so schwül wie in den Tropen. Schweißgebadet stapften wir durch schlammige Erde, furteten mehrmals den Fluß und stießen auf eine Schotterpiste. Der Regenwald wurde lichter, wich allmählich zurück, und einsames Farmland erstreckte sich flach wie eine Tischplatte nach Westen. Hinter uns ragten die Bergketten auf, düster und abweisend unter den Wolken, so schroff und zerklüftet, daß ich kaum glauben konnte, sie durchquert zu haben. Elfriede lachte und gab mir einen Kuß.

»Mach' nicht so ein Gesicht! Freu' dich doch! Da vorne liegt die Stadt!«

Ich konnte mich jedoch nicht freuen, höchstens darüber, daß die Stadt noch hinterm Horizont verborgen lag. Überall Moore, halbwilde Wiesen und Regenwaldreste — aber keine Farm, auch keine Schafe. Die Weiden schienen verlassen zu sein, und die Telegrafenstangen, die in schnurgerader Reihe die Piste säumten, machten die Einsamkeit noch größer.

»Ob wir es bis Westport schaffen?« überlegte Elfriede im Gehen.

»Achtzig Kilometer!« gab ich zu bedenken.

»Wenn wir bis zur Landstraße kämen und gleich einen Lift kriegen würden…«

»Ehrlich gesagt«, knurrte ich, »ist mir noch gar nicht nach Stadt.«

»Aber da gibt's frisches Brot!« rief sie. »Und echte Milch und Obst! Ist das nichts?!«

O doch, das war etwas, und ich konnte nicht leugnen, daß mir das Wasser im Mund zusammenlief.

»Und Gemüse!« schwärmte sie. »Und Bier, mein Schatz, richtiges, kühles Bier!«

»Und Eis und Gummibärchen!«

»Und Essiggurken! Und nichts ist rationiert!«

Ich hatte es plötzlich satt, der Wildnis hinterherzutrauern, und fühlte mich wie ein König im Lumpenrock, wie ein verdreckter Pionier, der alle Strapazen überwunden und ein Recht auf Luxus erworben hatte. Die Stiefel waren schlammverkrustet, die Kleider schweißdurchtränkt und voller Ascheflecken, die Haut wies Kratzer und Sandflybisse auf und starrte vor Staub und Mückenschmiere. Dann erreichten wir die erste Farm, ein Holzhaus mit Veranda, Wassertank und Windrad.

»Stewart's homestead«, vermutete ich.

»Laß uns weitergehen«, bat Elfriede, »ich stinke wie eine Bergziege.«

»Na und? Niemand wird erwarten, daß du Parfüm in deinem Rucksack hast.«

Der hagere, rotbärtige Farmer nahm die Pfeife aus dem Mund, als er uns sah, spuckte aus und schob uns in sein Wohnzimmer, wo Bücher und Zeitungen, Fahrräder, Melkschemel und Ackergeräte chaotisch durcheinander lagen. Er servierte Tee und grinste, als wir nach seinem Telefon fragten.

»Wir möchten gern das Busdepot in Westport anrufen«, erklärte ich.

»Geht nicht. Der verdammte Wolkenbruch hat die Leitung versaut.«

Ich war enttäuscht. »Fährt hier in der Gegend überhaupt ein Bus?«

»Schon«, brummte er, »aber der ist weg. Und vor morgen kommt keiner mehr.«

Also beschlossen wir zu trampen und hockten uns an den Highway. Aber wir warteten vergeblich auf ein Auto, denn von Verkehr konnte an der Westküste keine Rede sein. Die Sonne sank, und wir schauten schon nach einem Lagerplatz, als doch noch ein Wagen kam und hielt. »To Westport? You're welcome!« Und die Landschaften flogen vorbei, links das Waldgebirge, rechts das Meer, dazwischen Weiden und Sümpfe, Telegrafenstangen, Farmen, dann ein Bergarbeiternest, Kohlehalden, Lorengleise, ein Förderturm, Staub. Und schließlich Westport. Der Fahrer hielt vorm Motor-Camp.

Wir bauten das Zelt auf, duschten ausgiebig und marschierten in die Stadt, so leichtfüßig und beschwingt, als hätten wir den ganzen Tag gefaulenzt. Eine Dairy war noch offen, wir kauften Weißbrot, Wurst und Kuchen und aßen gleich auf dem Bürgersteig. Danach betraten wir eine Bar und fanden beim Bier die nötige Ruhe, um den Sprung aus den Bergwäldern zu verdauen.

»Weißt du noch?« Elfriede schaute mir tief in die Augen. »Der See im Tal des Karamea?«

»Dort liebte ich eine Frau«, lächelte ich, »sie hatte Schwielen an den Händen, vom Holzhacken.«

»Stört dich das?«

»Im Gegenteil, ich liebte sie um so mehr.«

Und wir ließen den Track Revue passieren, ein bißchen wehmütig und bedrückt, versäumten dabei aber nicht, die Segnungen der Kneipe zu genießen. Und als wir durch die Nacht zum Camp gingen, war das Kapitel Wangapeka endgültig abgeschlossen. Nur seine Folgen dauerten noch an: Im Zelt verschlangen wir gierig den Kuchen, wir rannten aber kurz darauf zum Klo und würgten ihn wieder hervor.

Teil V

Von Gletschern und Prärien

Erstes Kapitel
Pioniere, Forscher und Entdecker

»Gegen Mittag am 13. Dezember sichteten wir eine große Landmasse mit starker Bodenerhebung, etwa fünfzehn Meilen entfernt im Südosten... Am 14. ds. behielten wir den östlichen Kurs bei... Wir waren nun etwa zwei Meilen vom Land entfernt. Es war sehr hoch, aber wegen der dichten Wolken konnten wir die Bergspitzen nicht sehen.«[1] Das schrieb der Seefahrer Abel Tasman 1642 in sein Logbuch. Und Captain James Cook fügte später hinzu: Die Berge seien »ungeheure Höhen, nichts als unfruchtbare Felsen, vielfach mit mächtigen Schneefeldern bedeckt, die dort seit der Schöpfung liegen mögen.«[2] Sie erinnerten ihn an das höchste Gebirge Europas, und er taufte sie die »Southern Alps«, die Südlichen Alpen.

So war die Existenz eines gewaltigen Gebirges die erste Einzelheit, die die Europäer über die neuseeländische Südinsel erfuhren. Die Berge schienen mit antarktischer Pracht direkt aus dem Meer in die Wolken zu wachsen und begleiteten die Westküste auf achthundert Kilometer Länge. Sie machten jeden Versuch unmöglich, ins Binnenland vorzudringen.

Es war auch weder Landhunger noch Forscherdrang, sondern die Jagd nach schnellem Profit, die 1792 die

---

[1] zitiert nach: Abel J. Tasman: »Entdeckung Neuseelands, Tasmaniens und der Tonga- und der Fidschi-Inseln«, Edition Erdmann, S. 81/82
[2] übersetzt und zitiert nach: J. Pascoe: »Explorers and travellers – early expeditions in New Zealand«, Reed Ltd. 1983, S. 118/120

nächsten Weißen zur Südinsel führte. Captain Cook hatte von Pelzrobben berichtet, von Seelöwen in den südlichen Fjorden, und viele australische, amerikanische und englische Robbenfänger steuerten daraufhin die Küste an, setzten Schlägertrupps an Land, luden Vorräte aus und überließen ihre Männer dem Dschungel des fremden Landes. Die Sealer, wie sie genannt wurden, hausten zwischen Meer und Regenwald, in Schilfhütten, Zelten oder umgekippten Booten, und ernährten sich von Fischen, Robbenfleisch und Schiffszwieback. Tag für Tag erschlugen sie die Seelöwen, zogen vielen bei lebendigem Leib die Haut ab und trockneten die Felle. In so ungeheurer Anzahl bevölkerten die Robben die Küste, daß der Profit jede Grausamkeit und Entbehrung rechtfertigte. Zudem war das Abschlachten kinderleicht. Genausogut, meinte ein Beobachter, könne man »Schweine im Stall mit dem Holzhammer totschlagen«.[1]

Nach fünf, sechs Monaten holten die Kapitäne der Schoner und Briggs ihre Totschläger wieder ab, brachten sie in die Kneipen und Bordelle der australischen Häfen zurück und löschten nicht selten über 40000 Felle. Nur zwei Jahrzehnte brauchten sie, um die Seelöwen in Neuseeland für eineinhalb Jahrhunderte auszurotten, dann zogen sie weiter und verwüsteten die Campbell- und Macquarie-Inseln.

Dafür kamen die Walfänger vorbei, auf ihrer Jagd nach dem Pottwal, dem zwanzig Meter langen Riesen, der die Weltmeere durchpflügt und in der Tiefsee mit dem Kraken kämpft. Er war das Meeresungeheuer des Mittelalters, hatte Fangboote zerbissen und Segelschiffe versenkt, aber sein Öl speiste die Lampen und war heiß begehrt, bis es vom Petroleum verdrängt wurde. Da wandten sich

---

[1] übersetzt und zitiert nach: K. B. Cumberland: »Landmarks«, Readers Digest 1981, S. 70

die Jäger dem kleineren Glattwal zu, dessen hornartige Barten das Fischbein für die Korsetts zivilisierter Damen lieferten. Der Glattwal liebte die Buchten der Südinsel, und viele Walfänger hängten die jahrelangen Segeltörns an den Nagel, gründeten küstengestützte Fangstationen, heirateten Maori-Frauen und ließen sich als erste Weiße dauerhaft nieder.

Dann aber tat sich lange nichts, und während die Nordinsel kolonisiert wurde, blieb die Südinsel ein dunkles, unbekanntes Land — auch für die Kundschafter aus dem kleinen Wellington, die 1841 über die Cook Strait kamen.[1] Sie suchten im Auftrag der britischen »New Zealand-Company« nach einem natürlichen Hafen mit Hinterland und kauften den Maoris die Blind Bay ab. Nun wurden andere Agenten in den fernen englischen Städten aktiv und boten die neu erworbene Wildnis, aufgeteilt in Parzellen, zum Kauf an — nicht zu billig, denn an auswanderungswilligen Habenichtsen aus den Slums war die »Company« nicht interessiert. Sie bevorzugte arbeitslose Handwerker oder Bauernsöhne, die keinen Hof bekamen, auch Wohlhabende, die Großgrundbesitzer werden wollten — solide Siedler mit Ordnungssinn also. Und als genug davon beisammen waren, segelten fünf Auswandererschiffe zur neuseeländischen Südinsel.

Binnen eines Jahres entstand das Städtchen Nelson, und wenig später reichte der Platz schon nicht mehr aus. Im Landesinneren jedoch sollten grenzenlose Grassteppen liegen, ein Eldorado für Viehzüchter und Farmer, sofern man den Eingeborenen glauben durfte. Thomas Brunner, Sohn eines Rechtsanwaltes, und Charles Heaphy, ein Maler, machten sich schließlich auf die Suche und wanderten die Westküste hinab, durchquerten Landschaften, die nie zuvor ein Weißer gesehen hatte, und

---

[1] Meeresstraße zwischen Nord- und Südinsel

erblickten »die lange Kette schneebedeckter Berge, die Cook die Südlichen Alpen nannte«.[1] Das Grasland aber fanden sie nicht, und Thomas Brunner kehrte nach Nelson zurück, um im Dezember 1846 erneut aufzubrechen, diesmal mit einem Maori namens Kehu.

Tief in den Bergen wand sich der Buller-River durch den Dschungel und jagte durch Schluchten, deren Wände tausend Meter hoch emporsprangen. Brunner und Kehu folgten ihm westwärts und schlugen einen Pfad durch den Urwald. Sie zogen sich beim Furten aus, sicherten ihre Packen auf den Schultern und kämpften sich nebeneinander durch das schäumende Wasser, gemeinsam einen Stock umklammernd, den sie waagerecht vor ihre Brust hielten. »Kurz vor Dämmerung«, notierte Brunner eines Tages in sein Tagebuch, »erreichten wir eine große ana, eine Höhle in den Felsen, wo wir uns für die Nacht einquartierten. Aber bald fiel so heftiger Regen, daß wir fürchteten, noch vor dem Morgen im anschwellenden Fluß zu ertrinken.«[2] Der Regen hielt an, wochenlang, Kleider und Decken moderten, die Vorräte waren aufgebraucht, und Fische und Vögel schienen ausgestorben zu sein. Es gab Farnwurzeln zu essen, Tag für Tag, und diese Hungerdiät, die Sandflies und Grippeanfälle trieben Brunner zur Verzweiflung. »Ich bin dieser Forscherei so überdrüssig«, schrieb er am 26. Februar. »Beides, das Wandern und das Essen ist so miserabel... Nicht ein Vogel zu sehen, geschweige denn zu fangen, und die paar Fische im Fluß beißen weder bei Regen noch in der Morgenfrische.« Einen Monat später dann, am 21. März: »Regen fällt weiter, Nahrung kärglicher, Kräfte lassen nach, Lebensgeister versiegen, Aussichten trostlos.«

[1] Heaphy's Tagebuch. Übersetzt und zitiert nach: J. Pascoe: »Explorers and travellers − early expeditions in New Zealand«, S. 62
[2] Brunner's Tagebuch. Übersetzt und zitiert nach: ebd., ebenso alle folgenden Zitate.

Aber sie kämpften sich weiter. Endlich hörten sie die Meeresbrandung und hofften, jenes Maori-Dorf zu finden, das Brunner und Heaphy im vorigen Jahr besucht hatten. Nach einer letzten Dschungelnacht, in der die Ratten ihnen das Frühstück stahlen, traten sie auf den Strand hinaus, erblickten das Dorf in der Ferne und »feuerten einen Salut ab, empfingen jedoch keine Antwort, konnten auch keinen Rauch entdecken«. Das Dorf war verlassen, und statt Kartoffeln gab es nur Algen. »Gestern noch dachte ich, Algen seien giftig… Jetzt esse ich sie mit Genuß. Soviel zum Hunger.«

Sie folgten nun der Westküste nach Süden und lebten von Paua-Muscheln, Möweneiern, Seeanemonen und Kohlpalmenstengeln. Sie stolperten tagelang über grobes Geröll, kletterten über schlüpfrige Klippen und durchquerten Sümpfe voller Sandflies, ertrugen Regen, Sturm und Hochwasser und furteten mündungsbreite Flüsse, kinntief im Wasser oder auf Flößen, die sie aus Schilfhalmen flochten. Oft aßen sie roh, weil Feuermachen unmöglich war, und schliefen nachts in Höhlen oder Felsspalten. Endlich erreichten sie ein bewohntes Maori-Dorf.

Zwölf Wochen lang schwelgte Brunner in Kartoffeln, Rüben, Buschfrüchten und Schilfhonig, in gegrillten und gekochten Vögeln, Fischen, Muscheln und Krebsen. Er flickte seine Ausrüstung, sammelte Berichte übers Binnenland und schrieb auf, was er an Sitten bei den Eingeborenen beobachtete. Dann folgte er der Küste weiter und wanderte unter den Schneegipfeln der Alpen dahin, passierte Gletscher, die tief in den Dschungel leckten, und bestaunte das Spiegelbild der Berge in glasklaren Seen. Schließlich verstauchte er sich den Fuß und kehrte um. Die Winterstürme setzten ein, Hagelschauer prasselten herab, und Brunner war zeitweise gelähmt, so daß Kehu ihn tragen mußte. Erst im Juni 1848, nach eineinhalb Jahren in der Wildnis, stolperten sie halbverhungert durch die Tür einer Farm.

Was Brunner an Neuigkeiten erfuhr, verblüffte ihn. Während seiner Abwesenheit hatten Surveyors[1] der »New Zealand-Company« die sagenhaften Steppen gefunden: windgepeitschte Büschelgrasprärien, gefleckt von Kohlpalmen und durchströmt von großen Flüssen. Sie lagen an der Ostküste und dehnten sich nach Westen, gingen in die grasbewachsenen Vorberge der Alpen über und stießen dann auf jenen gewaltigen Hauptkamm, dessen Schneegipfel bei klarem Wetter am Horizont zu sehen waren. Das Land schien für die Viehzucht wie geschaffen, und es dauerte nicht lange, bis schottische und englische Auswanderer die Siedlungen Dunedin und Christchurch gründeten − eine harte Arbeit, wie der Bericht eines Kolonisten bezeugt:

»Jede junge Siedlung beginnt mit einer Zeit der Not, mit Schwierigkeiten und Verwirrungen... Der Markt schwankt... Arbeit ist sehr teuer... Und der Siedler! Welch ein langes, bedrücktes, unzufriedenes Gesicht! Wie er brummt und murrt! Und wie dünn er wird!... Er verflucht alle, die ihm geraten und geholfen haben, auszuwandern. Sein Geld ist weg, sein Haus noch nicht fertig... Und sein Land... ist immer noch wüst... Seine Pferde sind unbeschlagen, der Pflug ist zerbrochen. Er vernachlässigt Sauberkeit und Anstand, schreibt wütend nach England, klagt die Siedlung an und erklärt ihre Gründer zu Schwindlern und Betrügern, protestiert, weil er völlig ruiniert sei, ohne einen Pfennig, mit gebrochenem Herzen, an den Bettelstab gebracht...

Aber inzwischen vollziehen sich Veränderungen, und der Siedler lernt, im fremden Land seinen Weg zu finden... Seine Kühe und Schafe vermehren sich... Sein Haus ist jetzt fertig, er macht Käse und Butter, fängt an, Wolle und Hammelfleisch zu verkaufen, wird stark und

[1] Landvermesser

fröhlich, zieht gute Kleider an... und wundert sich über seine Verwandten: Warum kommen die nicht 'rüber?«[1]

Die Prärien in Küstennähe waren um 1855 restlos besiedelt, wer jetzt noch Land wollte, mußte in die Berge eindringen, bis die Südalpen ihm jeden Weg versperrten. Samuel Butler, der englische Dichter, schrieb 1860, als er die fernen Schneegipfel zum erstenmal schimmern sah: »Das große Zentralmassiv! Was steckt wohl dahinter? Ah, wer vermochte das zu sagen! Kein Mensch auf der ganzen Welt hatte auch nur die entfernteste Ahnung, außer denen, die auf der anderen Seite lebten – falls es dort überhaupt Menschen gab... Zuerst galt es, die nähere Bergkette zu erkunden und zu sehen, wie weit ich kam. Selbst wenn ich kein Weideland entdeckte – konnte ich nicht vielleicht Gold finden oder Diamanten oder Kupfer oder Silber?«[2]

Nur die Maoris kannten das Land, und sie taten angesichts ihrer Schwäche das einzig Vernünftige: Sie beugten sich dem Druck und gaben den Siedlern Auskunft. Weite Prärien lägen hinter den vordersten Bergen und große Seen unter den Eiskappen der Alpen. Dort sei ihr Jagdgrund, dort wimmele es von Fischen und Vögeln, dort zögen auch Pfade übers Gebirge zur Westküste. Und die Schafszüchter machten lüsterne Augen und baten die Häuptlinge, umherstreifen zu dürfen. Und die Häuptlinge sagten ja und stellten Führer zur Verfügung.

So stießen die Siedler ins Hochland vor, erreichten den Alpenrand und die Seen Wanaka und Wakatipu. Und als zudem noch Gold gefunden wurde, erst diesseits, dann jenseits der Alpen, da begannen sie, nach einem Paß zu suchen. Der Geologe James Hector kam im Regierungs-

---

[1] übersetzt und zitiert nach: Morell/Hall: »A history of New Zealand life«, Whitcombe and Tombs Ltd., S. 53/54
[2] zitiert nach Samuel Butler: »Erewhon«, Goldmann-Verlag, S. 15/16

auftrag nach Wanaka und brach mit zwei Gefährten ins Gebirge auf.

Sie folgten dem Matukituki-Fluß, überquerten ihn auf einer kurz vorher niedergegangenen Lawine und stiegen steil bergauf. »Die Gipfel stachen... mit klaren blauen Eiszinnen in den Himmel und boten ein wahrhaft alpines Bild, während das Tal zu unseren Füßen gänzlich von einem Gletscher gefüllt wurde...«[1] Oben fanden sie einen schmalen Sattel und legten ein Proviantdepot an, überwanden Eisfälle und Gletscherspalten und stiegen nach Westen in das Flußgebiet des Arawata-River ab. Die Nahrung ging ihnen aus, sie mußten jagen und fischen, erbeuteten jedoch nie genug, um den Hunger zu stillen, und gaben zwanzig Meilen vor der Westküste auf – im letzten Augenblick, denn der Rückmarsch wurde zum Wettlauf mit dem Tod. Wolkenbrüche, Überschwemmungen, Erdrutsche, angeschwollene Flüsse – die Männer wurden nicht mehr trocken, konnten in diesem Wetter auch nicht jagen, kämpften mit Fieber und Durchfall und erreichten halbverhungert den Paß und ihr Depot.

Die Digger und Schafszüchter waren von Hectors Entdeckung nicht sonderlich begeistert. Mit Schafen konnte man nicht über Gletscher ziehen, und überhaupt: Wer wollte schon einen Paß riskieren, den seine Entdecker kaum überlebt hatten? Nein, es mußte einen anderen Weg nach Westen geben, auch die Wanaka-Maoris erzählten ja von einem alpinen Einfallstor, durch das früher Feinde herangezogen waren. Charles Cameron, ein Einzelgänger, ging diesen Berichten nach und fand im Jahre 1863 tatsächlich einen Sattel, der bequem durch den Zweitausender führte. Heute heißt er Haast-Paß und trägt die einzige Straße, die im Süden die Alpen überquert.

---

[1] Zitat von Sullivan, einem der Begleiter Hectors. In: J. Pascoe: »Explorers and travellers – early expeditions in New Zealand«, Reed Ltd., S. 141

Es dauerte nun nicht mehr lange, bis Schafe in den Tälern weideten und Sägemühlen an den Flüssen ratterten. In Westland wuchsen Fischerhäfen und Bergbaustädtchen heran, die ersten Waldläufer drangen ins unzugängliche Fjordland ein. Aber all diese Gebiete waren schwer zu besiedeln und weite Teile der Alpen sind bis heute unbewohnt. Auch an der Westküste ist viel vom alten Dschungel erhalten geblieben, und Fjordland gar, im äußersten Südwesten, ist wie aus einer anderen Welt: ohne Weg und Steg, nur vom Helikopter aus erkundet und so unberührt wie zu Zeiten der Schafszüchter, Digger und Surveyors.

Zweites Kapitel
Cascade saddle

Wir reisten die Westküste hinab nach Süden, auf einer Straße, die so gut wie unbefahren war. Einmal lag ein Pappschild am Rand: »Please stop! I need help!«, und wir fragten uns, ob der Tramper am Ende mitgenommen oder im Busch verhungert war. Wir zogen den Überlandbus vor und taten gut daran, denn die Westküste machte ihrem Ruf alle Ehre: Sechs Meter Regen fallen hier pro Jahr auf jeden Quadratmeter Erde, und wo wir auch hinkamen, es goß und stürmte ohne Unterlaß. Die Motor-Camps standen unter Wasser, die Zelte fielen nachts auf ihre Bewohner und hingen morgens zum Trocknen in den Bäumen. Nur unseres trotzte den Unwettern und bot inmitten der wildgewordenen Welt ein beruhigendes Maß an Sicherheit.

Endlich aber klarte der Himmel auf, und bei strahlendem Sonnenschein fuhren wir über den Haast-Paß nach Wanaka. Dort startete ein Track quer durch den »Mount Aspiring-Nationalpark«, quer durch das dritthöchste Alpenmassiv, was nicht ganz ungefährlich zu sein schien. Vorsichtshalber suchten wir die Parkverwaltung auf, wo eine freundliche Dame uns erklärte, daß der Track einen Sattel von zweitausend Metern überwände. Ob wir auch Gletscher queren mußten? Die Dame schüttelte den Kopf.

»Wir sind nämlich keine Bergsteiger«, fügte ich hinzu.

»Schon andere Tracks gelaufen?«

»Den Tongariro und Wangapeka.«

»Oh, dann ist ja alles klar!« rief sie. »Der ›Cascade saddle‹ mag ein wenig rauh sein, aber wenn ihr den Wangapeka geschafft habt... no problem!«

Also machten wir uns wieder auf die Wanderschaft, folgten dem Matukituki-River bis ans Ende seines Tales und schlugen dort das Zelt auf. Wildwiesen glühten im Abendlicht, durchschnitten von der Schlucht des Flusses, Buchenwälder schwemmten von den Hängen, und makellose Schneehauben strahlten fern im blauen Himmel.

Elfriede kochte, und während wir aßen, hallte das Tal vom Gesang der Vögel wider. Dann fiel die Dämmerung, das Licht floh die Berge hinauf, und die Gletscher erglühten in feurigem Rot. Die Vögel verstummten. Die Nacht begann. Ein Gipfel nach dem anderen erlosch. Nur einer flammte noch, die Eiskanzel des Mount Aspiring, dann verblaßte auch sie. Sterne blinkten auf, der Nachttau fiel, die Buchen rauschten, und der Fluß polterte durch die unsichtbare Schlucht. Die Gletscher schimmerten nun fahl im Sternenlicht, frostig und unnahbar, und ich fragte mich beklommen, wie wir jemals dort hinaufkommen wollten. James Hector fiel mir ein, jener Surveyor, der die Überquerung dieser matt blinkenden Gipfel beinahe mit dem Leben bezahlt hatte, und ich schwor mir, lieber rechtzeitig umzukehren, als mit blindem Eifer ins Verderben zu klettern.

»Los, aufstehen! Schönes Wetter draußen!« Schlaftrunken taumelte ich aus dem Zelt und schrak mit einem Fluch zurück. Zwar strahlten die Schneegipfel in der Sonne, hier unten aber, wo noch Schatten lagen, war es so kalt, daß der Atem aus unseren Mündern dampfte. Gras und Laub klatschten vor Tau, und die Nässe drang durch die Stiefel. Wir gingen auf und ab, um das Beißen in den Füßen zu mildern, frühstückten dabei und wärmten die Hände an den Kaffeebechern. Dann packten wir das Zelt zusammen und stiegen über Stock und Stein bergauf.

Zwei Männer kamen uns entgegen, beneidenswert leichtfüßig, trotz ihrer schweren Rucksäcke.

»Woher?« keuchte ich und blieb stehen.

»Über die Gipfel. Und ihr?«

»Aus dem Tal«, schnaufte Elfriede. »Wie ist es oben am Cascade?«

»Alright. Steil.«

»Und das da?« Ich deutete auf ihre Eispickel und Seile. »Brauchen wir das?«

»Nur bei Regen. Dann ist das Gras so glatt, daß schon welche abgestürzt sind.«

»Tot?«

»Sie wurden nie gefunden.«

»Touristen?«

»No. Kiwis.« Sie grinsten, und einer fügte hinzu: »Heute regnet es nicht, you see? Good luck!«

Am Mittag passierten wir die Baumgrenze und stiegen nun durch langhalmiges Gras und viele Blumen, die vor dem Schnee und Eis der Gipfel wie verirrte Farbtupfer wirkten. Gebirgs-Gänseblümchen blühten neben weißen Enzianen, Edelweiß wuchs neben gelbem Hahnenfuß. Nahebei lag ein Gletscher, breit wie ein Strom und zerklüftet von bläulich schimmernden Spalten. Ein dunkles Grummeln war zu hören, als flöge hoch oben ein Flugzeug vorbei, und der Berg, auf dem wir standen, zitterte.

»Menschenskind!« schrie ich. »Eine Lawine!«

Vor unseren Augen brach ein Schneefeld ab, stürzte über eine Felswand und krachte auf den Gletscher. Große Massen rutschten nach, und ein Schauer weißer Schollen sauste donnernd in die Tiefe.

»Ohne mich!« rief Elfriede erschrocken. »Durch so eine Gegend gehe ich nicht!«

Wir schauten an unserem Hang empor und gewahrten beängstigend steile Schneegrasflächen, aber keinen Gletscher. Ein Vogel schwebte dort, ein Bergbewohner namens Kea, schillernd grün und eulengroß, mit orangeroten Schwingen und Papageienkopf. Die Farmer haßten ihn wie die Pest, sie behaupteten, er fiele ihre Schafe an; dieser hier jedoch war friedlich und äugte nur neugierig herab.

Weiter oben stieß der Track auf einige Felsen, und ohne Überlegung kletterte ich drauflos, bemerkte zu spät, daß sie lotrecht abfielen, und schaute erschrocken hinab. Da war kein Berg mehr unter mir, nur Luft und eine ungeheure Tiefe, auf derem Grund das Tal lag, klein wie eine Spielzeuglandschaft. Entsetzt schloß ich die Augen und spürte die Panik kribbelnd durch die Adern jagen, gleich darauf die teuflische Versuchung, einfach loszulassen und alles zu vergessen. Aber ich klammerte mich fest, langte zittrig nach oben und robbte über die Felsenkante auf den halbwegs sicheren Grashang.

»Kehren wir um«, schlug ich vor, als Elfriede blaß und keuchend heraufkam.

»Bist du wahnsinnig?!« fuhr sie mich an. »Willst du da rückwärts wieder 'runter?!«

»Nein«, gab ich zu, schulterte den Rucksack und achtete darauf, wohin ich trat, denn der Track wurde zu einer undeutlichen Spur und hörte schließlich ganz auf.

»Schau mal nach oben!«

»O Gott! Noch eine Felswand!«

»Und dann schau' nach rechts. Ich glaube fast, das ist der Track.«

Eine Rinne querte einen senkrechten Steilhang — ein Hauch von Fußstapfen, kaum breit genug für die Stiefelspitzen! Und zum Festhalten nur Erde und jämmerliches Gras! Wer hier sein Gleichgewicht verlor, der stürzte wie ein Stein in die Tiefe, krachte unten auf den Berghang, kollerte ungebremst zu Tal und zerschellte an den ersten Bäumen.

»Wie lang mag der Quergang sein?« murmelte Elfriede. »Fünfzig Meter?«

»Verdammt!« fluchte ich. »Das wäre Selbstmord!«

»Also zurück?«

Ich starrte sie ratlos an. Die Felsen unten waren auch gefährlich.

»Ich versuch's!« stieß sie hervor, und ehe ich noch reagieren konnte, stieg sie schon in den Hang, krallte die Hände um die Grasbüschel, ertastete mit den Fußspitzen eine Kante und hing wie ein herausragender Vorsprung in der Luft, tausend Meter über dem Tal. Und die Erde brach unter ihr weg, sie rutschte ab, sackte tiefer, fuhr verzweifelt mit dem Fuß umher, fand Halt, begann aber so heftig zu zittern, daß ihre Knie gegen die Wand schlugen. Ich wollte schreien, brachte jedoch keinen Ton hervor. Sie konnte jeden Moment abstürzen, die Kiesel bröckelten schon wieder. Da ließ sie blitzschnell die Grasbüschel los, griff höher, krallte die Finger in die Erde, zog die Beine nach und klomm mit schier übermenschlicher Kraft zu einem ebenen Fleck hinauf, einer Enklave in der Steilwand, schräg über meinem Kopf.

»Dein Rucksack!« rief ich heiser. »Laß ihn 'runter!«

Aber sie rührte sich nicht, stand da wie eine Säule und starrte in die Tiefe.

»Reiß' dich zusammen!« schrie ich. »Knie dich hin! Faß' ihn am Riemen!«

Langsam glitt der Rucksack zu mir herab.

»Jetzt du. Krall' dich fest und laß dich einfach 'runter! Aber vorsichtig!«

Einen grausigen Moment lang hing sie über dem Abgrund, nur von ihren Händen gehalten, dann bekam ich ihre Beine zu fassen und warf mich mit aller Gewalt nach hinten. Sie stieß sich gleichzeitig ab, und schwungvoll prallten wir auf den Berghang, kollerten zu Tal und fingen uns mit Mühe ab, bevor wir richtig Fahrt gewinnen konnten.

Elfriede kauerte im Gras und zitterte am ganzen Leib. Ich hob ihren Kopf und küßte sie, und wir hielten einander fest, als wollten wir uns nie wieder loslassen.

»Was jetzt?« grübelte ich.

Sie brütete vor sich hin. »Hierbleiben.«

»Und wie lange?«

»Bis uns jemand findet.«

»Ein Biwak im Steilhang!« Ich erschauderte. »Weißt du, was das heißt?!«

Sie stöhnte und drückte meine Hand. »Können wir nicht irgendwo zelten?«

»Zwischen hier und den Felsen da unten ist kein einziger ebener Fleck!«

»Und wenn wir ohne Rucksäcke absteigen? Dann wären die Felsen nicht so schlimm.«

»Die Klamotten einfach aufgeben?« Ich schüttelte den Kopf. Die nächste Farm lag tageweit entfernt, und ohne Hilfsmittel, ohne Nahrung durch die Wildnis – das war genauso gefährlich wie ein Biwak im Hang.

»Wir haben keine Wahl, nicht wahr?« murmelte Elfriede.

»Nein«, knurrte ich finster, »nur zwischen Teufel und Beelzebub.«

»Dann versuche ich's noch mal.«

»Das tust du nicht! Auf keinen Fall!«

»Doch«, beharrte sie gefaßt. »Hier weiß ich wenigstens, wie ich die Füße setzen muß.«

Sie schulterte den Rucksack, musterte die Stellen, die ihr Halt bieten konnten, und kletterte los. Die Fersen hingen überm Abgrund, die Beine preßten sich gegen den Berg. Ich schloß die Augen und betete zu einem Gott, an den ich sonst nie hatte glauben mögen.

Dann war sie drüben, und ihre Stimme klang herüber: »Paß auf dich auf!« Aber alles ging gut, und als ein Plateau den Hang unterbrach und endlich genügend Sicherheit bot, da fielen wir uns in die Arme.

»Nie wieder«, flüsterte sie, »nie wieder gehe ich so einen Track.«

»Diese Arschlöcher!« schimpfte ich. »Wie konnten die behaupten, er sei ungefährlich?!«

»Weil wir den Wangapeka gemacht haben.«

»Den Wangapeka!« Ich spuckte aus. »Der ist ein Seniorenpfad dagegen!«

»Und wenn noch so eine Stelle kommt?«

»Dann kehren wir hierher zurück. Hier kann man wenigstens zelten.«

Aber das Schlimmste lag hinter uns, und bald überquerten wir den Gipfel, umringt von Schneefeldern und Gletschern. Ein kühler Wind wehte hier oben, und es ging schon gegen Abend, als wir eine grüne Oase entdeckten, ein schneebeflecktes, grasiges Hochtal mitten in der Fels- und Eiswüste: den Cascade-Sattel. Ein Bach plätscherte hindurch, gesäumt von Moos und weißen Enzianen, Schmelzwasser gluckste in den Schneemulden, und Wasserfälle rauschten zu Tal. Wir saßen schweigend da und spürten nichts als selige Erleichterung, bis die Kälte uns zwang, alles anzuziehen, was wir hatten, lange Hosen, Hemden und Pullover. Und während Elfriede aus Steinen einen Windschutz für den Kocher baute, schlug ich das Zelt auf und stellte fest, daß der morgendliche Tau alles durchnäßt hatte. Ich ließ soviel Luft wie möglich herein und hoffte, daß die Wände bis zur Nacht ein wenig trocknen würden.

Dann lagerten wir im Moos und vertilgten ein mächtiges Mahl aus Reis, Thunfisch und Trockengemüse. Elfriede stöhnte vor Behagen und spähte lüstern nach den übrigen Lebensmitteln. »Es wäre gegen jede Regel, was?«

»Natürlich«, grinste ich, »aber vor einer Stunde wußten wir nicht mal…«

»Also gut!« rief sie und leckte sich die Lippen. Und einer Stulle mit Salami und Knoblauch folgten zwei mit Käse und Honig, dann Kaffee und Zigaretten. Unterdessen fiel die Dämmerung, sonderbar still und regungslos. Kein Vogel rief, keine Blätter raschelten, und nichts bewegte sich außer Wind und Wasser. Wir froren trotz un-

serer Vermummung, krochen in die Schlafsäcke und behielten sämtliche Kleider an.

»Was schaust du so?« fragte Elfriede.

»Du bist schön«, lächelte ich.

»Aber meine Haare kleben, und ich stinke.«

»Du bist schön, weil du lebst.«

Ihr Blick wurde weich, und sie küßte mich. Ich spürte
die Kälte und Feuchtigkeit im Zelt und horchte auf das
Rauschen der Wasserfälle. Irgendwo grollte eine Lawine,
weit weg zwar, aber doch beunruhigend. Mir fiel ein, daß
wir noch nie so extrem genächtigt hatten, zweitausend
Meter hoch zwischen Himmel und Erde, und ich brauchte lange, bis ich einschlief.

Drittes Kapitel
An der Grenze

Queenstown am Wakatipu-See — das Berchtesgaden der Kiwis: Hotels und Pensionen, Jetboot- und Wildwasserfahrten, Ausflüge mit dem Dampfer und Trips mit dem Sessellift. Am Bootsanleger drängten sich Souvenirshops und Schnellentwicklungs-Studios, und durch den Stadtkern führte »The Mall«, eine Fußgängerzone mit Bars, Cafés und Eisdielen. Biedere Urlauber mit Vollpension bevölkerten die Straßen, auch Partymiezen und Salonlöwen, Wassersportler und Bergsteiger. Unentwegt dröhnten Reisebusse und Wohnmobile vorbei, und dreimal täglich röhrte die Dampfpfeife des alten Steamers »Earnslaw« durch die Stadt. Seit 1912 dampfte er über den See, zuerst als Fähre, dann als Viehtransporter und mittlerweile als Touristenattraktion.

In Queenstown planten wir den Routeburn-Track, die zweite Etappe unserer Alpendurchquerung, kauften Lebensmittel und Gaskartuschen, ließen die Kamera reparieren und suchten nach einem neuen Greifer, mit dem wir die Töpfe vom Feuer nehmen konnten, denn der alte war am Cascade verschwunden. Ich fand zudem einen schönen Bildband über Neuseeland, und da Elfriede während des Tracks Geburtstag haben würde, entschloß ich mich, das zwei Kilo schwere Ding im Rucksack zu verstecken und mit ins Gebirge zu schleppen.

Dann, als wir zum letztenmal über die Fußgängerpassage bummelten, erscholl ein Schrei, unüberhörbar in deutscher Sprache. Wir drehten uns um und erblickten eine Frau, die wie eine Spanierin aussah. Sie stand bei einem hageren Mann, wies mit dem Finger auf uns und schrie: »Ich hab's ja gewußt! Ich hab's von Anfang an gesagt!«

»Regina und Werner!« jubelte ich.

»Mein Gott, wie dünn ihr geworden seid!« Sie staunte Elfriede an. »Ich erkenne dich kaum wieder. In Auckland sahst du viel kränklicher aus.«

»War ich auch«, strahlte Elfriede. »Aber jetzt – no problem, wie man so sagt.«

Wir setzten uns in ein Café, bestellten Eis und Kuchen und erzählten. Die beiden hatten damals noch zwei Monate in Auckland gearbeitet und waren dann mit fünftausend Dollar aufgebrochen – ohne Auto allerdings.

»Die Bruchkiste!« Ich grinste in der Erinnerung. »Was wurde denn aus der?«

»Ein Kollege schleppte sie vor unser Haus«, berichtete Werner, »und ob ihr's glaubt oder nicht: Eines Nachts versuchten drei Figuren, sie zu klauen!«

Regina kicherte. »Wir standen im Dunkeln hinterm Fenster und rührten uns nicht, genausowenig wie das Auto. Die Typen wurden nervös, aber statt mal nach dem Motor zu sehen, zerrten sie den Wagen auf die Straße und rollten ihn den Hügel hinab. Und als er immer noch nicht ansprang, schlugen sie wütend die Scheiben ein und machten sich aus dem Staub.«

»Und?« fragte Elfriede.

»Schrott.«

Es war wie damals in Auckland: Wir verstanden uns auf Anhieb und hatten viel zu besprechen, erst recht, als sich herausstellte, daß wir alle demselben Ziel zustrebten. Auch sie bereiteten den Routeburn vor, hatten jedoch noch zu tun, und wir beschlossen, uns direkt am Track zu treffen, in einem Dorf namens Glenorchy am Nordende des Sees.

Elfriede und ich hatten Glück, bekamen sofort einen

Lift und rollten aus Queenstown hinaus. Die Asphaltstraße wurde zur Schotterpiste, das Wetter schlug um. Sturm wühlte den See auf und wirbelte Gischtwolken hoch, schwarze Regenbäuche schleppten sich heran und platzten über den Gipfeln. Weder Autos noch Menschen begegneten uns, und als wir nach Glenorchy kamen, war auch der Motor-Camp-Verwalter unauffindbar. Das Dorf schien so leer zu sein wie die triefenden Weiden ringsum, und wir bauten das Zelt auf und flüchteten hinein.

Zwar legte sich der Sturm, aber der Regen prasselte die ganze Nacht hindurch, und als am Morgen Schritte durch das Gras quatschten und Reginas Stimme ertönte, krochen wir müde und klamm hinaus. Nieselregen fiel, und grauer Dunst schloß uns ein, als wären wir in den Wolken.

»Pfui Deibel!« knurrte Werner verdrossen. »In Queenstown schien die Sonne.«

»Der Routeburn dürfte total aufgeweicht sein«, gähnte ich. »Wollt ihr trotzdem los?«

»Gott bewahre!« rief Regina. »Wir bleiben hier und frühstücken gemütlich!«

In der Camp-Küche erzählten sie von feinen Herrschaften, die eben mit ihnen im Bus gefahren waren und unter Führung eines teuren »guide« den Routeburn wandern wollten. Sie trugen nur Ersatz- und Regenzeug in ihren Rucksäcken, alles weitere, auch das Essen, brachte ein Hubschrauber zu den Hütten hinauf.

»Extra-Hütten natürlich«, brummte Regina. »Mit Duschen und warmen Mahlzeiten.«

»Lieber Himmel! Dann gibt's da gar keine Wildnis?!« Ich war bestürzt und sah bereits singende Urlauberhorden durch die Wälder ziehen.

»Doch«, beruhigte Werner, »der Routeburn ist nur populärer als euer Matukituki. Wenn wir die Zelte mitnehmen, sind wir von den Hütten unabhängig.«

»Es wird heller draußen«, bemerkte Elfriede, »kommt ihr mit? Ich möchte mir den Ort anschauen.«

Der Ausdruck Ort erwies sich als stark übertrieben, selbst Dorf war zuviel gesagt. Glenorchy war ein Nest im Hinterland, an der Grenze zum menschenleeren Gebirge, ein Außenposten mit dünner Nabelschnur zur bewohnten Welt. Die Piste endete hier, nur Pfade führten weiter, und ein paar Holzhäuser und Bretterzäune versteckten sich zwischen verwilderten Wiesen. An der pfützenübersäten Piste standen eine Kirche ohne Turm, ein Krämerladen mit Veranda und ein verlassen wirkendes Holzhotel, das »gelegentliche Mahlzeiten« versprach, und am Seeufer dümpelten Motorboote, die offenbar zum Fischen dienten, denn Netze und Reusen lagen umher. Die Berge drüben verschwanden im Dunst, brachen jedoch ab und zu durch und ragten dann frei über den See, während Wolkenkränze ihre Gipfel umlagerten und weißer Dampf aus ihren Furchen quoll. Und erst im Norden, wo der Routeburn lag! Dort brodelten Gewitterwolken um die Gletscher, zuckten Blitze herab und schienen Rauchfahnen von den Bergen zu wehen.

Am Abend besuchten wir die Kneipe Glenorchys, eine Schankstube mit trübem Licht. Vier Männer lümmelten sich an der Theke, pafften ihre Pfeifen, tranken Bier und Whisky und nuschelten in unverständlichem Kauderwelsch. Ihre Haare und Bärte waren zerzaust, die karierten Wollhemden verschwitzt, die Stiefel schlammbedeckt. Sie mochten Fischer oder Farmer sein, Jäger oder Holzfäller aus den Bergen.

»Wildwest«, murmelte Regina und schaute sich verstohlen um, »fehlen nur noch die Revolver.«

»Die Nachfahren der Pioniere«, bemerkte ich, »die prägen das ganze Land.«

Sie nickte. »Gefällt's euch immer noch?«

»Gefallen ist ein schwaches Wort«, lächelte ich. »Ich würde gerne hierbleiben.«

»Du auch?« Sie wandte sich an Elfriede.

Die zögerte und trank von ihrem Bier. »Ich möchte lieber zurück, obwohl ich Angst davor habe.«

»Wieso Angst?«

»Na, stell' dir das doch vor! Plötzlich Berlin und zwei Millionen Menschen!«

»Das gibt einen Schock«, befürchtete ich, »und alles wird zum Teufel gehen. Ich werde wieder rauchen und trinken, Elfriede wird zuviel essen, und wir werden bald so fett und träge sein, als hätten wir diese Reise nie gemacht.«

Wir schwiegen, ein wenig bedrückt. Die Hinterwäldler wurden lauter, kümmerten sich jedoch nicht um uns.

»Und ihr?« fragte ich. »Wann geht ihr zurück?«

»Im nächsten Jahr nicht«, lächelte Werner, »und danach — wer weiß!«

»Beneidenswert.«

»Findest du?« Regina zog zweifelnd die Schultern hoch. »Manchmal ist mir beschissen zumute, das kannst du mir glauben. Dann habe ich Angst, meine Freunde zu verlieren.«

»Schreibt ihr euch denn nicht?« fragte Elfriede.

»Doch«, erwiderte sie, »erst neulich schrieb mir eine Freundin, daß die Raketen stationiert sind. Und ich schrieb zurück, daß ich faul am Strand liege und durch Urwälder laufe. Ich frage mich, ob wir uns noch verstehen.«

»Drei Jahre sind 'ne lange Zeit«, brummte ich, »so lang wie eine Lehre.«

»Acht Monate auch«, sagte Werner, »eure Freunde sind ja ebenso zu Hause geblieben.«

»Du meinst, sie können uns nicht mehr begreifen?«

»Sie werden sich Mühe geben und euch manchmal doch für verrückt halten.«

»Und ihr sie auch!« Regina trommelte nervös auf dem Tisch. »Ihre Arbeit, ihre Seßhaftigkeit, ihren Alltagsfrust — glaubt ihr, daß ihr damit wieder klarkommt?«

»Schrittweise bestimmt«, meinte Elfriede. »Uns bleibt ja gar keine Wahl.«

An der Theke entstand Unruhe, die Hinterwäldler brachen auf. Wir zahlten ebenfalls und tappten durch die regnerische Nacht zum Motor-Camp zurück.

Es regnete die ganzen nächsten Tage und Nächte, und obwohl mein Cape den Boden abdeckte, drang die Nässe ins Zelt und machte alles feucht und muffig. Elfriede nieste und gab die Wärmflasche nicht mehr aus der Hand, und ich dachte an die alten Surveyors, denen die Kleider vom Leib gefault waren. Wir schliefen schlecht bei diesem pausenlosen Prasseln und krochen morgens mürrisch aus dem Zelt, stapften durch Regen und Dunst zum Waschraum und trafen uns danach in der Küche, einer Hütte mit Holzgebälk und Wellblechdach. Kochplatten, Kühlschrank und Heißwasser-Boiler säumten die Wände, und eine Glühbirne hing nackt über dem Tisch.

Hier frühstückten wir, und was waren das für Frühstükke! Es gab alles, was es normalerweise nicht gab, frisches Weißbrot und echte Milch, Eier, Kuchen und Tomaten, denn der Store war ja gleich nebenan. Wir schwelgten manchmal bis zum Mittag und erzählten uns Geschichten aus aller Herren Länder, aus Irland und London, Texas und Mexiko, Hawaii und Tahiti. Viele Zigaretten qualmten dabei, und Ströme von Kaffee flossen die Kehlen hinab, während der Regen gegen das Fenster trommelte und das Licht so düster war, daß die Glühbirne an blieb.

Nach dem Abwaschen schrieben wir Tagebücher und Briefe, stopften Löcher in den Kleidern oder wuschen Schmutzwäsche und hängten sie zwischen die Deckenbalken. Abends gab es Steaks mit Blumenkohl oder Fisch mit Bratkartoffeln, und wieder begann das Erzählen, über Herkunft und Werdegang, Zukunftshoffnungen und -ängste, kurz, über Gott und die Welt.

»Findet ihr nicht«, bemerkte Regina eines Abends, »daß wir eine gute Wohngemeinschaft bilden?«

»O doch!« Elfriede lächelte. »Und weißt du auch warum? Weil du dabei bist, eine Frau, verstehst du? Immer nur mit Karsten... das kann anstrengend sein. Obwohl ich sagen muß, daß es meistens funktioniert.«

»Trotz Unwettern und Strapazen?«

»Ja. Trotz alledem.«

In dieser Nacht ignorierten Elfriede und ich die Feuchtigkeit im Zelt und schliefen miteinander, und am Morgen, als für einen Augenblick die Sonne durchkam, gingen wir händchenhaltend zum Store, dem Holzhaus mit Veranda vor den wolkenverhangenen Bergen. Hier gab es alles, was das Grenzerherz begehrte: Lebensmittel und Tabak, Acker- und Angelgeräte, Medikamente und Babywindeln, Toiletten- und Küchenbedarf. Ab und zu kamen Männer herein, die nicht weniger vierschrötig wirkten als ihre Kollegen in der Kneipe, und einmal stoppte sogar ein Bus aus Queenstown und spuckte die geballte Ladung einer »guided tour« aus.[1] Store und Veranda wimmelten plötzlich von beleibten Wanderern, die einheitlich in blaue Regenmäntel gehüllt waren, und Glenorchy erwachte für einen Moment aus seinem Dauerschlaf. Dann saugte der Bus die Wanderer wieder ein, stieß stinkende Dieselwolken aus und verschwand Richtung Routeburn in den Regenschwaden. Die Wanderer taten uns leid.

Am nächsten Morgen herrschte ungewohnte Stille: Das Prasseln auf dem Dach hatte aufgehört. Und obwohl die Wolken weiterhin ihr Spiel mit den Bergen trieben, beschlossen auch wir, den Routeburn zu wagen.

---

[1] Wandergesellschaft mit Führer

Viertes Kapitel

Der Routeburn

Wieder prasselten Schauer herab, dann tauchte endlich die Hütte auf. Einige Wanderer hockten darin, grüßten aber nicht, und eine Frau in Drillichhosen und kariertem Wollhemd streckte ihre Hand aus:

»Vier Dollar.«

»Wie bitte?« stieß Regina hervor. »Wofür denn?«

»Für die Übernachtung. Vier Dollar für jeden.«

»Aber die Hütten kosten sonst weniger!«

»Oder gar nichts«, warf ich ein.

»Na und?« entgegnete die Hüttenwärterin. »Der Helikopter fliegt nun mal nicht umsonst. Und der muß einiges hier 'raufbringen.«

»Ach! Und auf die anderen Hütten wohl nicht?« Regina empörte sich. »Da ist er plötzlich billiger, was?!«

Die Rangerin blieb ungerührt. »Heißes Wasser, Feuerholz, Kochgeräte nur, wenn ihr zahlt.«

»Ich denke nicht daran!« schimpfte Regina auf deutsch. »Diese alte Geiertante! Lieber noch 'ne Nacht im Regen als unter diesem Dach!«

Also kehrten wir dem ungastlichen Ort den Rücken und stießen am Routeburn-Fluß auf einen märchenhaften Waldrand. Flechten und Mooszöpfe hingen von knorrigen Buchen, hüfthoher Farn bedeckte die Erde, aber alles triefte vor Nässe. Es war nicht einfach, unter diesen Umständen zu campen, andererseits besaßen wir inzwischen Erfahrungen genug, und da in der Nacht mit neuen Wolkenbrüchen zu rechnen war, wählten wir einen Hügel unterm Laubdach der ersten Bäume. Elfriede und ich hatten Außenplane und Innenzelt getrennt verpackt, was sich als Vorteil erwies, denn unter der schützenden Kuppel der Außenplane konnte ich das Innenzelt aufschlagen, ohne daß es naß wurde. Wir legten Zeitungspapier unter die Schlafsäcke und gruben mit Dolch und Löffeln eine Rinne ums Zelt, damit das Wasser gut versickern konnte. Dann schlüpften wir in trockene Kleider und wärmten uns in den Schlafsäcken, bis draußen die Dämmerung fiel und Schritte durch den Farn raschelten.

»Hallo! Wir haben Hunger!« Das war Regina.

»Wo wollt ihr denn essen?« rief Elfriede zurück. »In der Hütte?«

»Da vergeht uns der Appetit. In eurem Zelt, wenn ihr nichts dagegen habt.«

Die beiden krochen herein, kauerten sich nieder und beugten die Köpfe, um die Baumwollwand nicht gegen die nasse Außenhaut zu drücken. Eine Kerze flackerte in einer Klopapierrolle und beleuchtete ein wildes Durcheinander! Stiefel, Wasserflaschen und Rucksäcke türmten sich im Vorraum, und Käse, Salami, Brot und Butter lagen zwischen unseren Füßen, ebenso wie Medizindosen voller Kaffee und Honig. Und während wir uns vorsichtig bewegten, um nichts umzuwerfen oder gar das Zelt in Brand zu setzen, klatschten vereinzelte Tropfen aufs Dach. Elfriede schmunzelte und wies auf Werners Trinkgefäß, einen mit Pflaster verklebten Joghurtbecher.

»Wie wär's denn mal mit einer Tasse?«

»Das predige ich seit Tagen«, klagte Regina, »aber er will nicht hören.«

»Tassen kosten Geld«, brummte Werner.

»Und Joghurtbecher brechen irgendwann, dann liegt die Scheiße im Zelt.«

Regina hob den Kopf und horchte. Auf dem Dach begann es leise zu zischeln.

»Nieselregen!« fluchte sie.

Ich lächelte. »Nimm's leicht. Wenn der Regen nicht wäre, säßen wir nicht so zusammen. Ist doch romantisch, oder nicht? Fast wie in einer Höhle.«

Sie verzog ihr Gesicht und bahnte sich einen Weg zur Außenplane. »Los, Werner, bevor es zu gießen anfängt! Gib mir mal die Lampe.«

»Die hast du doch!«

»Ich? Ich habe sie nicht mitgenommen.«

»Herrje! Man sieht ja die Hand vor Augen nicht!«

Sie liehen sich unsere Kerze und wurden im Nu von der Dunkelheit verschluckt, während die Flamme wie ein Irrlicht davonflackerte. Der Wald war verschwunden, untergetaucht in einer Finsternis, die keine Schattierungen mehr kannte. Der Regen sang im unsichtbaren Laub, die Luft roch durchdringend nach Moder. Ich schloß das Zelt, deponierte Dolch, Tränengas und Taschenlampe, küßte Elfriede und schlief ein.

«Rrraaah!!!« Ein panischer Schrei, ein wildes Fauchen, das Zelt schwankte wie im Sturm. Starr vor Schrecken riß ich die Augen auf und stierte in die Dunkelheit, erwischte Dolch und Lampe, machte Licht.

»Ein Tier! Da ist ein Tier!« Elfriede prügelte auf die Zeltwand ein.

Dann Stille.

»Ist es weg?« flüsterte ich.

»Ich glaube, ja«, keuchte sie.

»Verdammt! Wir müssen nachschauen!«

Sie zitterte. »Schau' du lieber nach!«

»Wieso ich? Es ist deine Zeltseite!«

»Ich… ich halte dir das Licht!«

Also klemmte ich den Dolch zwischen die Zähne, nahm das Tränengas in die eine Hand und riß mit der anderen den Eingang auf. Aber im Vorraum war nichts zu entdecken, nur die Tüte mit den Lebensmitteln, die halb hinausgezerrt unter der Außenplane lag. Wir untersuchten sie und stellten fest, daß ein Loch hineingebissen war.

»Eine Ratte?« überlegte ich.

»Ein Opossum«, flüsterte sie. »Hast du das Fauchen nicht gehört?«

»Du hast so laut gebrüllt.«

»Es hat mich gestupst, durch die Zeltwand.« Sie schluckte und starrte mich an. »Das arme Vieh! Ich hab' ihm voll auf die Schnauze gehauen!«

Wir packten die Tüte vorsichtshalber in den Rucksack und lauerten noch eine Weile, aber nichts geschah. Dennoch schliefen wir lange nicht ein, und Werner und Regina wunderten sich am nächsten Morgen, daß sie uns wachrütteln mußten. Als sie jedoch erfuhren, was geschehen war, führten sie uns zwischen den tropfenden Bäumen hindurch zu den Fetzen eines Abwasch-Schwammes, der zuoberst in unserer Tüte gesteckt hatte. Er roch noch immer nach Käse und Salami.

Oben am Harris-Sattel wirbelte der Sturm die Wolken durcheinander und peitschte den Regen fast waagerecht durch die Luft. Der Pfad war aufgeweicht und glitschig, mündete jedoch in ein geschütztes Hochtal, wo Felsenzinnen einen See umringten. An seinem Ufer, unter zerzausten Buchen, stießen wir auf eine Hütte, öffneten tropfnaß die Tür und prallten zurück: Wolken aus Tabaksqualm schlugen uns entgegen, babylonisches Stimmengewirr und der Mief feuchter Kleider. Wir stolperten über Beine und Rucksäcke, verfingen uns in Hemden, die von der Decke hingen, und dachten mit Grausen an das kommende nächtliche Schnarchkonzert. Also zogen wir nur trockene Sachen an und flüchteten ins Freie, wo zwar kein Regen mehr fiel, aber ein kalter Wind wehte. Wir waren zu erschöpft, um Abendbrot zu essen, bauten die Zelte ans Ufer und krochen in die Schlafsäcke.

Elfriede schlief wie eine Tote, ich hingegen schreckte immer wieder hoch. Schauer trommelten aufs Dach, die

Bäume draußen knarrten wie Schiffsmasten. Im Halbschlummer vernahm ich ein unheimliches Pfeifen, das immer schriller wurde, schlug verstört die Augen auf und hörte ein Heulen und Brausen, als senkten sich riesige Schwingen herab. Dann ein heftiger Stoß — die Stangen klirrten, die Wände schüttelten und blähten sich, Elfriede fuhr aus dem Schlaf. Ich schoß zum Eingang, riß den Reißverschluß auf und wollte in den Vorraum stürzen, blieb jedoch wie angenagelt hocken: Da war kein Vorraum mehr, auch keine Außenplane — ich starrte geradewegs ins Morgengrauen, auf einen ruhigen See und nachtdunkle Berge. Die Plane hatte sich halb losgerissen und knatterte wie ein Segel im Wind. Und nebenan, wo vorhin noch ein Zelt gestanden hatte, lag eine platte Masse im Gras, unter der es heftig strampelte. Werner kämpfte sich daraus hervor, mit einer Beule am Kopf, und stammelte etwas von fliegenden Töpfen. Ich half ihm auf die Beine, und wir befreiten Regina.

»Was zum Teufel«, stieß sie hervor, »ist hier eigentlich los?«

»Eine Windbö«, vermutete Werner.

»Eine Windbö?« Ich schüttelte den Kopf. »Unser Zelt hat schon Orkane abgeritten, anstandslos, das fliegt bei einer Bö nicht einfach weg!«

»Außerdem ist gar kein Sturm«, bemerkte Elfriede und brachte die Außenplane herbei. »Bißchen windig, sonst nichts. Wo soll da eine Bö herkommen?«

Wir brachen das Lager ab, warteten, bis es hell wurde, und machten uns auf die Suche nach den Heringen. Manche waren bis in den Wald geflogen, andere, die unauffindbar blieben, lagen vermutlich im See.

»Schaut euch den an«, sagte ich, als wir im Windschutz eines Felsens frühstückten. »Verdreht wie ein Korkenzieher. Das macht doch keine Bö!«

»Vielleicht ein Erdstoß«, grübelte Elfriede. »Wir sollten in der Hütte fragen.«

»Da schläft noch alles.« Ich schaute hinüber: Bei der Hütte rührte sich nichts.

Es war jetzt heller Tag, und der Wind, der die ganze Nacht geweht hatte, flaute ab. Plötzlich schien die Luft dünner zu werden, die Töne klangen klarer. Irgendwo in den Bergen erscholl ein hohes, wimmerndes Pfeifen, kam rasch näher und schwoll zu einem Heulen an. Wir duckten uns unwillkürlich hinter den Felsen und trauten unseren Augen nicht: Wir *sahen* den Wind, wir sahen ihn heranrasen, quer über den See! Wasser stieg wie eine Säule in die Höhe und drehte und wirbelte in einer trichterförmigen Spirale auf uns zu. Dann brüllte die Bö um den Felsen, trieb Erdschollen und entwurzelte Büsche vorbei und riß armdicke Äste von den Bäumen, bis unvermittelt Ruhe herrschte und nur noch ein laues Lüftchen wehte.

»Eine Windhose!« Werner fuhr hoch.

»Abhauen!« schrie Elfriede. »Sofort!«

»Es ist ja nichts passiert«, beruhigte ich.

»Willst du vielleicht warten?!« schnauzte Regina. »Nicht immer hast du einen Felsen vor dir!«

Wir waren im nördlichen Fjordland angekommen. Lückenloser Urwald verhüllte das Tal, und erst gegen Abend öffneten sich wilde Wiesen. Ein Bach plätscherte hindurch, mit Ufern aus Heide und Moor, dann schloß der Wald, der von den Bergen kam, die Lichtung ein. Moos bepelzte die Buchen, Flechten baumelten herab, und tote Bäume schimmerten wie weiße Gerippe durchs Laub.

Zum erstenmal seit langer Zeit regnete es nicht, und früh am Morgen kroch ich aus dem Zelt, vorsichtig, um Elfriede nicht zu wecken, und badete im Bach. Die Felsengipfel glänzten in der Sonne, der Himmel war tiefblau, die Luft roch frisch nach nassen Blättern. Ich brach weißblühende Zweige ab, verwandelte die Wasserflasche in eine Vase und stellte sie auf unseren »Tisch«, einen plattgetretenen Grasfleck, legte den Bildband hinzu, den ich in Queenstown gekauft hatte, und beschwerte einen Liebesbrief mit Steinen. Dann zündete ich die Kerze an und weckte Elfriede mit einem Kuß, während Werner und Regina ein schauerliches »Happy birthday« durch die Stille brüllten.

Mittags lagen wir im Gras und tankten die lang entbehrte Sonne. Von den Ästen hingen die Schlafsäcke, überm Zeltfirst lüfteten muffige Kleider, und im Gras trockneten Handtücher. Später sammelten wir Holz und bauten einen Steinring, machten Feuer und genossen den abendlichen Frieden. Das Feuer knisterte und qualmte, Vögel flöteten, und Grillen zirpten, der Bach plätscherte, und das Gras wisperte im Wind. Dann rückten die Schatten heran, die Luft kühlte ab, und Sterne blinkten auf, bis ein eisiges Flimmern über den schwarzen Himmel glitt. Das Kreuz des Südens erstrahlte, und die Milchstraße glitzerte über den Bergen, dann kam der Mond und leuchtete wie eine schwankende Laterne durchs Geäst. Langsam stieg er höher, stand sichelscharf über den Urwaldkronen, machte den Bach zum Silberfluß und tauchte die Wälder in geisterhaft milchiges Licht. Von ferne rief die Morepork-Eule, und in der Nähe fauchte ein Opossum.

Wir saßen wie verzaubert da, nur Werner machte ein Gesicht, als hätte er Kröten verschluckt.

»Woran denkst du?« fragte Regina.

»An die Digger«, knurrte er düster, »an die Robbenschlächter. Und an die Industrie. Ich frage mich, wann dieses Stückchen Erde wohl kaputt sein wird.«

Ich starrte ihn an, verwirrt und gereizt, und konnte mir nicht vorstellen, daß etwas Urgewaltiges wie diese Wildnis dem Menschen zum Opfer fiele. Aber genau das geschah, überall auf der Welt, und im Stillen gab ich ihm recht. Auch Neuseeland war keine isolierte Insel mehr. Sie schwamm im Strom der Zeit, besaß aber wenigstens noch soviel Wildnis, daß ich, wenn ich wollte, bis zum Ende meiner Tage darin leben konnte.

Regina zog einen glühenden Ast aus dem Feuer und zündete sich eine Zigarette an. »Ich denke, du wirst froh sein, wenn du wieder duschen kannst und einen Kühlschrank hast, womöglich noch Radio und Fernseher.«

»Für die du Energie brauchst«, fügte Werner gelassen hinzu, »aus gestauten Flüssen beispielsweise. Oder aus abgeholzten Urwäldern.«

»Ich könnte darauf verzichten«, behauptete ich.

»Das glaube ich nicht!« rief er. »Nach zwei Jahrtausenden Zivilisation?!«

Ich schwieg und stieß einen Stock in die Flammen. Sie loderten auf, die Luft roch rauchig, der Silberfluß gurgelte, und die Mondlichtwälder rauschten.

»Am Anfang war das Feuer«, murmelte Werner traurig. »Und heute haben wir die Bombe. Wir waren nie zufrieden und werden es nie sein. Wir müssen immer verändern, wir können gar nicht anders. Und deshalb geht die Wildnis zugrunde.«

»Aber später, viel später!« Schroff stand ich auf, tauchte in die Dunkelheit. Das Feuer tanzte zwischen Silberfluß und Waldrand, und eine rot beschienene Gestalt schlug mit einem Ast hinein. Ich hörte Regina schimpfen.

»Du möchtest gern der liebe Gott sein, was? Du würdest den Weltuntergang programmieren!«

»Unsinn!« protestierte Werner. »Davon rede ich ja gar nicht! Nur die Natur geht unter, das alte Gesicht der Erde, nicht sie selbst. Nicht einmal die Menschheit, jedenfalls nicht zwangsläufig.«

»Angenommen, du hättest recht.« Ich trat in den Feuerschein zurück. »Wäre es dann nicht an der Zeit, die Wildnis so lange wie möglich zu genießen?«

»Jeder muß tun, wonach ihm zumute ist«, murmelte Elfriede.

»Und dir ist nach Berlin zumute, nicht wahr?«

»Ich möchte wissen, ob es mir dort noch gefällt.«
»Und eine Hütte am Waldrand, die gefiele dir nicht?«
»O doch!« Sie schmiegte sich an mich und lächelte.
»Aber nur ohne Wirbelsturm.«

Fünftes Kapitel

Tramptour durch Otago

Es kam, wie Regina vorausgesagt hatte: Wir freuten uns auf Te Anau, die Stadt, vor allem auf unser Paket, das dort im Busdepot lagerte. Vier Wochen lang hatte ein denkbar knapper Kleidervorrat gereicht, jetzt war er lädiert und löste sich auf. Meine Jeans stand vor Dreck fast von allein, Elfriedes Cordhose war quer überm Hintern zerrissen, und die Turnschuhe leckten wie Siebe.

Te Anau lag am gleichnamigen See und war das Tor zum unbewohnten Fiordland, ein Grenzzentrum voller Reklame für Ausflügler. Am anderen Ufer begann die Fjordländische Wildnis, die zu den größten Nationalparks der Welt gehörte und wegen ihrer Weglosigkeit und ihres wechselhaften Wetters gefürchtet wurde. Sie verbarg Täler, die noch nie ein Mensch betreten hatte, unbekannte Seen und Flüsse und einige der seltensten Tiere der Erde. Im Murchison-Gebirge war die Takahe-Ralle wiederentdeckt worden, die lange Zeit als ausgestorben gegolten hatte, und in einem Seitental lebten die letzten flugunfähigen Kakapos, grüngelbe, eulengroße Papageien.

Die Nähe dieser geheimnisvollen Welt ließ mir natürlich keine Ruhe, aber kaum standen die Zelte auf dem Motor-Camp, da schlug das Wetter um. Regen fiel, die ganze Nacht hindurch bis in den Morgen.

»Was mich betrifft«, erklärte Regina beim Frühstück, »so verzichte ich auf Fjordland.«

»Ich auch.« Elfriede schaute trübe aus dem Küchenfenster. »Ich habe dieses Scheißwetter satt! Wir sollten nach Otago trampen, da ist es warm und sonnig.«

»Ich möchte lieber warten«, murrte ich.

»Was uns betrifft«, wiederholte Regina, »so läuft unser Visum in vierzehn Tagen ab.«

Ich schwieg, ernüchtert und enttäuscht.

»Wir haben auch nur noch vier Wochen«, mahnte Elfriede, »vergiß das nicht!«

Regina und Werner beschlossen, am nächsten Tag mit dem Überlandbus in Richtung Nordinsel zu fahren, und wir feierten unseren Abschied mit einem Festmahl in der Camp-Küche. Es gab Schweineschnitzel und Butterbohnen, Salzkartoffeln und Tomatensalat, dazu »Montana«-Weißwein und Schokoladeneis. Trotzdem blieb die Stimmung gedrückt, und Elfriede trank, ganz gegen ihre Gewohnheit, ein zweites Glas Wein.

»Ob wir uns jemals wiedersehen?«

»Bestimmt«, versicherte Regina. »Schreibt einfach an unsere deutsche Adresse. Sobald wir zurück sind, melden wir uns. Abgemacht?«

»Abgemacht.«

Ich schlief schlecht in dieser Nacht, wurde trotz Schlafsack und Pullover nie richtig warm und wälzte mich unruhig herum, geplagt von unerfreulichen Gedanken. In einem Monat ging das Flugzeug nach Europa, dann würden dieses Land und dieses Leben buchstäblich unter mir verschwinden. Schwer vorstellbar, aber das Datum stand fest. Und Elfriede hatte recht: Es war besser, noch eine Landschaft in Ruhe zu erleben, als vom Zeitdruck gehetzt durch Neuseeland zu jagen.

»Bauen wir ab«, schlug ich vor, nachdem Regina und Werner das Camp verlassen hatten.

»Und Fjordland?« wunderte Elfriede sich.

»Muß übrigbleiben. Auf nach Otago!«

Aber kaum standen wir an der Straße nach Lumsden, da tropften die Wolken schon wieder und trieben uns unters Verandadach einer Cafeteria. Viele Autofahrer und Busreisende pausierten hier, Familien mit Kindern und biedere Ehepaare, die Damen im Kostüm, dezent frisiert, die Herren im Anzug mit Krawatte. Wir vermißten die Hinterwäldler in Stiefeln und karierten Wollhemden und fühlten uns allmählich unbehaglich, fröstelten neben der Eingangstür, die Rucksäcke zu unseren Füßen, während der Wind die Regenschwaden über die Straße trieb, und fragten die Kiwis höflich und bescheiden, ob sie nach Lumsden fuhren und uns mitnehmen könnten. Manche schauten schlicht durch uns hindurch und benahmen sich wie die sprichwörtlichen Affen: Sahen nichts, hörten nichts, rochen nichts und sagten nichts. Andere verharrten im ersten Reflex und bereuten es im nächsten, machten sich verlegen davon oder versicherten uns, wie gerne sie uns mitnehmen würden, nur hätten sie leider keinen Platz und führen obendrein in die verkehrte Richtung. Am widerlichsten waren die mit dem gespielten Mitleid, die uns wortreich bedauerten und dabei zu erwähnen vergaßen, daß ihre Rückbank frei war. Wir hätten sie ermorden können und taten es auch, in der Phantasie, was allerdings noch nicht erklärte, warum besonders ältere Menschen vor uns zurückschreckten. Zwar sahen wir nicht unbedingt wie ehrenwerte Bürger aus, aber auch nicht mehr wie jene stinkenden Lumpen, die vor zwei Tagen aus der Wildnis gekommen waren. Wir trugen immerhin saubere Kleider, waren frisch gewaschen und bemühten uns, ein freundliches Gesicht zu machen, was jedoch immer häufiger mißlang. Es dauerte drei Stunden, bis sich jemand unserer erbarmte, drei Stunden trotz regen Verkehrs und redlichen Bemühens, drei Stunden Frösteln in naßkalter Witterung, und meine Liebe zu den Kiwis bekam einen Dämpfer — wie schon einmal in Wellington, als ich wegen falscher Hosen aus der Kneipe geflogen war. Und wieder fragte ich mich, ob außerhalb der Wildnis nicht die Kleinbürger regierten, die gleichen wie in Deutschland oder gar noch schlimmere.

Der Lift, den wir schließlich bekamen, brachte uns bis zur Otago-Grenze. Dort setzten wir den Weg zu Fuß fort, hielten die Daumen 'raus, wenn hinter uns Motorenlärm ertönte, hatten jedoch kein Glück und campierten schließlich am Fuße grasbewachsener Berge. Am Morgen änderten wir die Taktik, gaben das Wandern auf und bezogen einen günstigen Trampplatz, wo die Fahrer uns von weitem sehen und in aller Ruhe halten konnten — allein, sie dachten nicht daran und fuhren ungerührt vorbei. Eisgraue Wolken bedeckten den Himmel, und ein kalter Wind ließ uns frieren.

»Verdammter Spießer!« schrie ich hinter einem Wagen her und schüttelte die Faust.

»Der gastfreundliche Süden!« höhnte Elfriede. »So hieß es doch, nicht wahr?«

»Arschlöcher und Pfennigfuchser sind das! Erbärmliche Krämerseelen!«

Dann fiel kein Wort mehr zwischen uns, jeder würgte allein an seinem Frust und haderte mit dem Schicksal. Aber plötzlich fuhr ein Geländewagen mit offener Ladefläche an den Rand, und ein Mann lehnte sich aus dem Fahrerhaus:

»Hinten drauf ist noch Platz!«

Wie elektrisiert sprang ich hoch. »Wohin fährst du?«

»Cromwell — Clyde — Alexandra.«

Erleichtert warfen wir das Gepäck hinauf, schwangen uns über die Heckklappe und hatten eben eine festgezurrte Schubkarre sowie lose Bretter erblickt, als die Post schon abging, mit solchem Ruck, daß Elfriede zu Boden plumpste und sich fortan festklammerte. Der Fahrer fuhr, was seine Karre hergab, mit kreischenden Reifen durch Kurven und dröhnend über eine Holzbrücke, daß die Planken sprangen und klapperten. Ich kauerte dicht neben Elfriede, hielt den Rucksack fest, wich mit den

Beinen den herumrutschenden Brettern aus und wurde vom donnernden Fahrtwind gebeutelt. Wir rasten geradewegs ins Gebirge hinein, auf schmaler Straße neben einem Abgrund. Dann öffneten sich wüstenhaft kahle Ebenen, und der Sturm wurde eisig. Elfriede hatte bereits blaue Lippen.

»Deine Regenjacke!« schrie ich.

Sie schrie etwas zurück, das auf halbem Weg verwehte, deutete auf ihren Rucksack, wagte jedoch nicht, ihren Halt an der Fahrerkabine loszulassen.

Stehen konnte ich nicht, wegen des Geschüttels, knien auch nicht, weil der Sturm mir die Brille von der Nase reißen würde, also legte ich mich auf den Bauch, zerrte die Regenjacke hervor und half Elfriede beim Anziehen, bis ein Stoß uns durcheinander warf. Der Fahrer setzte zum Sturzflug an, schoß Canyons hinunter und huschte plötzlich an Häusern vorbei, an Menschen, Autos und Ampeln. Dann wieder Steppe und grauer Himmel, noch ein Gebirge und schließlich Central Otago. Die Sonne knallte herab, und der Fahrer rumpelte auf den Seitenstreifen. »Clyde! Nach Alexandra – geradeaus!«

Wir taumelten zur Erde, steifgefroren und benommen, tauten in der Wärme allmählich auf und wanderten zum Highway 85, wo sich lange Zeit nichts tat. Die Straße blieb leer, die Mittagssonne brannte, und die Hitze brütete über dem Land. Elfriede packte ihr Strickzeug aus, und ich schrieb Tagebuch. »Glaubst du, daß wir hier wegkommen?«

»Nur Geduld«, gähnte sie, »da kommt schon einer!«

Sie stopfte die Wolle in ihre Hosentasche und stellte sich ordnungsgemäß auf, streckte den Arm aus und hielt den Daumen empor, wurde jedoch keines Blickes gewürdigt. So ging das volle drei Stunden lang, dann spuckte sie einem Wagen hinterher und schleuderte einen Stein auf die Straße.

»Krähenfüße müßte man denen hinschütten!«

»Und zugucken, wie die Reifen platzen!«

»Die Drecksäcke, die verfluchten! Die müßten mit den Köpfen durch die Scheibe gehen!«

Aber als wir schon alle Hoffnung aufgegeben hatten, stoppte doch noch ein Wagen, und Wut und Trübsal schlugen um in Jubel und Begeisterung. Wir genossen die erlösende Bewegung und dankten überschwenglich unserem Fahrer, einem Fünfzigjährigen mit derben Händen und sonnenverbrannter Haut. Er starrte wortkarg auf die Straße und drehte sich eine Zigarette, wobei er den Tabaksbeutel mit den Zähnen und das Steuer mit den Ellbogen festhielt.

»Farmer?« fragte ich.

»No«, brummte er, »Runholder.«[1]

Ich horchte auf, denn diese Leute hatten seinerzeit das Hochland der Südinsel erschlossen und standen heute noch in legendärem Ruf.

»Züchtest du Vieh?«

»Schafe.«

»Viele?«

»Sechs- bis achttausend.«

»Mein Gott!« rief Elfriede überrascht. »Du weißt es nicht einmal?«

»Woher sollte ich?« brummte er.

»Aber Tausende von Tieren, wie hältst du die beisammen?«

»Gar nicht, lady. Sie kriechen durchs Gebirge.« Er fand offenbar Gefallen an der Unterhaltung und fügte ungefragt hinzu: »Im April sitzen wir von morgens bis abends im Sattel und treiben sie zusammen, und manchmal regnet's wie aus Kübeln, und manchmal schneit's gottsjämmerlich.«

»Beschäftigst du denn keine Hirten?«

[1] Soviel wie »Herdenhalter«

»Nur zur Schur, sonst nicht.«

Draußen zogen sandfarbene Tussock-Hügel vorbei, weites Grasland unter grenzenlosem Himmel. Keine Farm war zu entdecken, kein Auto begegnete uns, und wir verstanden jetzt besser, warum es auf tausend Schafe mehr oder weniger nicht ankam: Der Runholder war Viehbaron und Großgrundbesitzer, auch wenn man ihm das nicht ansah. Er paffte unentwegt vor sich hin, kratzte sich am Kopf und nuschelte, die Kippe zwischen den Lippen, in schwer verständlichem Kauderwelsch.

Es waren nämlich, wie er sagte, von Anfang an keine »Cockies« gewesen, die die Steppen erobert hatten, sondern Männer mit Kapital und tausendköpfigen Schafsherden. Sie trugen damals ihren Anspruch zu Dunedin oder Christchurch ins Grundbuch ein und treckten dann mit Schafen und Hirten ins Hochland hinauf, bauten ein Haus an einem Fluß oder See und lebten zwar nicht im Luxus, aber recht angenehm, sofern sie die Einsamkeit vertrugen und keine Arbeit scheuten. Sogar ein Dichter sei darunter gewesen, schmunzelte unser Fahrer, ein Federfuchser namens Butler, der später in London berühmt geworden sei.[1]

Schließlich besaßen die größten Züchter über zehntausend Schafe, und als die ersten Kühlschiffe den Seeweg nach England ermöglichten, wurden Hammelfleisch und Wolle zum Exportschlager. Später gab es Probleme, weil England dem Europäischen Markt beitrat, aber inzwischen grasen wieder sechzig Millionen Schafe auf vierzehn Millionen Hektar Weideland. Und immer noch, betonte der Runholder, könne er vom Schafezüchten leben. Neuseeland sei ein Viehzuchtland und solle es auch bleiben.

---

[1] Samuel Butler, 1835—1902, englischer Dichter. Vgl. das Kapitel: »Pioniere, Forscher und Entdecker«

Plötzlich zweigte er von der Straße ab, überquerte einen blauen Fluß und stoppte auf der Kuppe eines Aussichts-Hügels. Das weite Land rollte sich in die Ferne aus, ein endloses Meer von Bodenwellen, ohne Baum und Strauch, nur mit üppigem Tussockgras bewachsen, durch das der Wind seine Rillen blies. Die Hügel glühten noch im Abendlicht, die Mulden dunkelten schon in der Dämmerung, und halbwilde Schafe fleckten die Prärie wie eine Bisonherde. Sie weideten vor bläulichen Bergen am Horizont, deren Anatomie im Licht und Schatten des Abends beinahe plastisch hervortrat. Ihre Hänge waren ebenfalls mit Gras bewachsen und wirkten leer und unbewohnt.

»Wollt ihr noch weitertrampen?« Der Runholder schaute nach der roten Sonne.

»Zu spät«, erwiderte ich. »Wir werden irgendwo das Zelt aufbauen.«

»Okay, dann zeige ich euch einen Lagerplatz.«

Er führte uns zu einer Lichtung im Flußuferwald, wo Pilze mit tellergroßen Hüten wuchsen.

»Kann man die essen?« fragte Elfriede.

»Yes. Sehr gut. Pferdepilze.« Er gab uns die Hand, stieg in sein Auto und fuhr davon.

Weidenbäume umschlossen die Lichtung, gelbe Blätter kreiselten zur Erde, und der Fluß gurgelte im Hintergrund. Eilig schlugen wir das Zelt auf, und während Elfriede Steine vom Ufer herbeischleppte und eine Feuerstelle baute, sammelte ich Äste und schichtete einen Holzstapel auf. Unterdessen fiel die Dunkelheit und brachte eine Kälte mit, die frostiger war als sonst. »Es wird Herbst«, meinte ich und zündete das Feuer an. Elfriede briet die Pilze und machte ein besorgtes Gesicht.

»Wie weit ist es noch bis Ranfurly?«

»Dreißig Meilen«, schätzte ich.

»Schaffen wir das? Bei diesem Verkehr?«

»Warum?«

»Weil unser Essen zur Neige geht. Es reicht nur noch für einen Tag.«

Am Morgen färbte Rauhreif das Gras, dann kam die Sonne durch und schmolz den Frost. Wir sprangen in den Fluß, frühstückten und brachen das Lager ab.

Schnurgerade zog die Landstraße durch die Prärie und flimmerte in der Mittagshitze. Der Wind roch nach Staub, die Grillen zirpten, und nichts bewegte sich, auch die Schafe waren verschwunden. Wir wanderten Meile um Meile, aber zu Fuß war Ranfurly nicht zu schaffen, jedenfalls reichte dafür unser Vorrat nicht. Nirgendwo war eine Farm zu sehen, und auch Pilze würden nicht immer wachsen, wenn der Hunger kam.

»Notfalls killen wir ein Schaf«, schlug Elfriede vor.

»Okay, aber wie?«

»Ranschleichen und dann mit dem Dolch.«

Ich schmunzelte. »Häutest du es ab? Und holst du die Gedärme 'raus?«

Sie warf mir einen angeekelten Blick zu und blieb stehen. Motorengeräusch klang durch die Stille, ein Lastzug dröhnte vorbei. Und weiter. Ein wilder Apfelbaum wuchs neben einem Bach. Wir pflückten genug, um einen Tag nicht zu hungern, tauchten die Köpfe ins Wasser und streckten die Beine aus. Und abermals weiter durch Staub und Hitze, verschwitzt und klebrig, mit entzündeten Augen und trockenem Mund – Vagabunden der Landstraße, dem Augenblick hörig und ohne Wissen um die Zukunft. Keine Art zu reisen war so ungewiß wie das Trampen, keine jonglierte so hemmungslos mit den Gefühlen, und keine brachte mehr Kontakt zu Land und Leuten. Dennoch – ich wäre mit Wonne in einen Bus gestiegen, wenn einer gekommen wäre, aber es kam überhaupt nichts, bis ich in die Büsche mußte. Da quietschten Reifen, und Elfriede rief. Ich riß im Laufen die Hose hoch und brach durchs Geäst.

»Das ist mein Freund«, erklärte sie.

»Alright«, stammelte der Fahrer und starrte mich an.

»Wohin fährst du?« fragte ich.

»Oamaru, East-Coast.«

Das waren 180 Kilometer. Wir machten große Augen und konnten es nicht fassen.

Sechstes Kapitel
Zurück!

Plötzlich war das Meer da, mit Gischt und böigem Wind. Steilküsten stürzten in die Brandung, Kormorane hockten auf den Klippen, die Luft roch nach Seetang und schmeckte nach Salz. Der Fahrer stieg aus und zeigte auf ein Dutzend fetter Robben — Nachfahren jener Seelöwen, die hier einst erschlagen worden waren. Seitdem hatten sie offenbar nichts dazugelernt, denn sie ließen uns seelenruhig heran und blieben dösend in der Sonne liegen, die Flossen unterm Leib, die Bärenschnauzen mit den silbrigen Barthaaren platt auf dem Felsen. Nur ein Bulle schreckte aus seinem Nickerchen und stemmte sich auf die Vorderflossen, riß das rote Maul auf und entblößte raubtierhafte Zähne. Dann robbte er zum Klippenrand und schoß wie ein Torpedo ins Meer, drehte sich unter Wasser elegant herum, reckte den Kopf aus den Wellen und fauchte abermals.

Ich hatte nicht übel Lust, nach einem Lagerplatz zu suchen, aber der Fahrer drängte zum Aufbruch, und auch Elfriede wollte weiter.

»Ein Abendessen haben wir noch«, wandte ich ein.

»Und morgen?« Sie runzelte die Stirn. »Was ist, wenn wir hängenbleiben?«

Sie hatte recht, trotz aller Seelöwen, und ich folgte ihr und dem Fahrer zum Auto.

Oamaru. Menschen, Lärm, Verkehr, Geschäfte.

»Wieviel Geld haben wir noch?«

»Wir haben gespart in der Wildnis.«

»Können wir uns ein Motel leisten?«

»Vielleicht.«

»Zweifel?«

»Wir sehen wie Wegelagerer aus.«

Aber Umkleiden hatte keinen Sinn, da wir nichts Sauberes mehr besaßen, also traten wir verschwitzt und staubig an die Rezeption, mit Rucksäcken, von denen die Rußtöpfe baumelten. Verlegen grinste ich die Dame hinterm Tresen an und wollte gerade etwas sagen, da öffnete sie einen Kühlschrank und drückte mir eine Milchflasche in die Hand.

»Mit den besten Empfehlungen des Hauses. Wenn ihr mir bitte folgen wollt?«

Sie sperrte eine Tür auf und verschwand mit verstohlenem Lächeln. Wir standen da wie vom Donner gerührt und starrten auf einen großen, im Abendlicht leuchtenden Raum, auf einen Teppich in Gold und Ocker und ein geblümtes Sofa, das von Radio, Telefon und Farbfernseher umgeben war. Ein Doppelbett lockte mit schneeweißen Laken, breit wie eine Spielwiese, und eine Küchennische lag im Hintergrund, mit Eisschrank und Elektroherd, Porzellangeschirr und blitzenden Töpfen. Und alles gehörte uns — es war nicht zu fassen! Wir stellten die Rucksäcke ab und stürzten in den Abend hinaus, wie Kinder in der Vorfreude auf Weihnachten, kauften im »Fruit-Shop« Blumenkohl, Paprika und Erdbeertorte, beim »Butcher« ein mächtiges Rumpsteak und im »Bottle Store« sechs Flaschen Bier.

Die Straßenlampen brannten bereits, als wir zurückkehrten, und Elfriede verschwand im Bad. Wie lange, dachte ich, wie ewig lange war es her, daß wir ein Zimmer bewohnt und ein Bett besessen hatten! Seit einem Vierteljahr, seit Wellington, hausten wir im Zelt oder in

Bretterhütten, und während der ganzen Reise hatten wir uns nie richtig ausbreiten können. So war es ein besonderer Genuß, den Inhalt der Rucksäcke zu verteilen, ein feierlicher Akt der Besitznahme, denn hier herrschten wir, nicht mehr die Wildnis oder das Wetter. Auf der Kommode lehnten Fotos von Waltraud und meiner Mutter, auf dem Bett lag Schnuckelchen, die Stoffkatze, und an der Wand hing die große Neuseeland-Karte. Ich ging in Socken über den weichen Teppich und spürte förmlich, wie meine Füße feierten.

Dann löste ich Elfriede im Bad ab, genoß den warmen Regen aus der Dusche und schrubbte mir den Straßendreck vom Leib. Währenddessen klapperte sie in der Küche und deckte den Tisch mit Porzellan und Gläsern, zündete eine Kerze an, suchte Musik im Radio und servierte ein Menü mit drei Gängen. Nachher hockten wir im Sofa und schalteten den Fernseher ein. Ich trank Bier und rauchte, Elfriede strickte und aß Chips, und als ein Kiwi auf der Spitze eines Sendeturms zu Bett ging, taten wir es ihm nach, sanken in die Kissen und liebten uns so hemmungslos, wie es im Zelt nie möglich gewesen war.

Zwei Tage blieben wir in Oamaru, ohne etwas von der Stadt zu sehen. Wir schliefen, schlemmten, sahen fern und strickten, wir igelten uns ein.

»Mal ehrlich«, sagte Elfriede abends im Bett, »könntest du auf all das wirklich verzichten?«

»Manchmal schon«, murmelte ich schläfrig.

Sie löschte das Licht. »Erinnerst du dich an die Polts?«

Ich grunzte.

»Wir könnten sie besuchen«, gähnte sie, »wir kommen sowieso durch Wellington.«

Zunächst jedoch ging es nach Christchurch, der Großstadt an der Ostküste, und zwar in einer Limousine, die David Longey gehörte, einem Herrn in den Vierzigern.

Er hatte gehalten und höflich gefragt, ob er uns fahren dürfe — im letzten Augenblick sozusagen, denn gleich darauf fegten Schauer durch die Straßen, die die Menschen mit schwankenden Schirmen vor sich hertrieben. »Okay«, sagte David und warf einen Blick auf das schlammige Motor-Camp, »ich denke, ihr wohnt bei mir.«

So kamen wir in eine Bürgerfamilie, die darauf bestand, daß der älteste Sohn, ein Blondschopf von acht Jahren, sein Zimmer für uns räumte. Die Longeys sparten nicht mit Gastfreundschaft, und wir dankten ihnen von Herzen, spürten aber bald, daß ihre Lebensart uns nicht behagte. Sie war bestimmt von Schicklichkeit und Normen und ließ jene Zwanglosigkeit vermissen, die uns zum täglichen Brot geworden war.

David war Pädagoge, Alexandra hingegen, seine Frau, hatte ihren Beruf als Krankenschwester aufgegeben und zwei Söhne geboren, wie es sich gehörte. Er ernährte die Familie, sie pflegte das heimische Nest, und beide erzogen die Kinder, sie beim täglichen Kleinkram, er mit dem Machtwort am Wochenende. Und wenn er morgens aus dem Haus ging, mit Bügelfaltenhose und Aktenköfferchen, dann hetzte sie zwischen Teetasse und Kindern umher, kümmerte sich um den Schulgang und biß zwischendurch von ihrem kalten Toast. Wir bedienten uns währenddessen selbst, was sie dankbar zu bemerken schien, denn Zeit war etwas, das sie nicht besaß. Vielleicht wollte sie auch keine haben, vielleicht hatte sie sogar Angst davor, was wußten wir von ihrer Seele. Jedenfalls versorgte sie ein großes Haus mit Garten, und wenn David abends von der Arbeit kam, dann dampfte das Dinner auf dem Tisch, und die Kinder benahmen sich so brav, daß sie Lob vom Vater ernteten.

Eßzimmer und Küche gehörten der Frau, hier durfte auch mal gekleckert werden, sonst lag jedoch kein Staubkorn herum. Edle Möbel schmückten den »Salon«, holzgetäfelte Wände und schwere Teppiche, die keine Zeichen von Benutzung trugen und nur zum Repräsentieren dienten. Denn hier empfingen die Longeys ihren Besuch – ganz leise und unaufdringlich natürlich, wie es ihre Art war.

Sie waren überhaupt sehr höflich, stritten sich nie, gerieten aber auch nie in Begeisterung. Sie waren aufs Mittelmaß gestutzt, kamen vorwärts und eckten nicht an. Das Leben war »nice« und »really lovely«, und wenn einmal Probleme auftauchten, dann lenkte Alex, die Hüterin des häuslichen Friedens, zu einem unverfänglichen Thema.

Wie gesagt, wir wußten es zu schätzen, bei Regen unter einem Dach zu sein, aber sobald das Wetter besser wurde, flohen wir auf die Straße zurück.

Vom Trampen hatten wir jedoch genug. Wir rollten statt dessen im Überlandbus dahin, erreichten Picton, jenen Hafen an der Nordküste, in dem wir damals angekommen waren, und bestiegen den Dampfer nach Wellington.

Wir standen am Heck, im heulenden Wind des offenen Meeres, während die Berge im gleißenden Wasser versanken. Wir wußten nicht, ob wir sie jemals wiedersehen würden, und spürten plötzlich mit erschreckender Deutlichkeit, daß uns die Zeit in diesem Land davonlief.

Die Dämmerung fiel, als das Schiff im Hafen von Wellington festmachte, und die Passagiere strömten die Gangway hinab. Wir gerieten in ein Durcheinander sich umarmender und küssender Menschen und fühlten uns sehr einsam, wie ausgesetzt in der Großstadtnacht und eingeschüchtert von den dröhnenden Autos und dem Lichtermeer der Hochhaustürme. Die Luft stank nach Auspuffgasen und Hafenwasser, und ich bekam Kopfschmerzen.

»Da ist ein Telefon!« schrie Elfriede.

Ich wählte die Nummer, die wir in Motueka notiert hatten, und atmete auf, als der Hörer abgenommen wurde. »Hällo, here Wulfgäng Poult.«

»Here Karsten«, rief ich aufgeregt. »Karsten und Elfriede aus Deutschland!«

Pause am anderen Ende.

»Motueka!« schrie ich.

Dann eine Stimme, die mit sich selbst zu sprechen schien, und schließlich, in gedehntem Wienerisch: »Ja, des is a Freid! Von wo ruft's denn oan?«

»Aus Wellington! Gilt eure Einladung noch!«

»Aber freilich!« rief er. »Maria ist allerdings verreist. Ihr müßt mit Erika und mir vorlieb nehmen!«

Beschwingt fuhren wir im Bus nach Eastbourne, einem Vorort jenseits der Bucht, wo Wolfgang uns abholte und in sein Haus führte. Statt eines »Salons« gab es ein richtiges Wohnzimmer mit Bücherregalen und einem Klavier, statt eines Dinners Käsebrote und Wein. Dann redeten wir, wie uns der Schnabel gewachsen war, und pfiffen auf die angelsächsische Zurückhaltung.

»Ich bin morgen auf der Arbeit«, sagte Wolf und gab uns einen Schlüssel, »und Erika muß in die Schule. Ihr könnt hier tun und lassen, was ihr wollt.«

Wir erwachten erst gegen Mittag, spazierten in Unterhose und Nachthemd durch das Haus und entdeckten erst jetzt, wie schön es lag, am Berghang über den Dächern von Eastbourne, mit einzigartigem Blick auf die Bucht. Dort unten lagen Inseln, Steilküsten und Leuchttürme, und gegenüber wuchs die Manhattan-Kette der Wolkenkratzer aus dem Wasser, die Skyline der Hauptstadt, jedoch so fern, daß sie wie eine Miniatur wirkte. Fischtrawler pflügten durch die Bucht, und eine Fähre, die von der Südinsel kam, steuerte den Hafen an.

Abends, als Wolfgang und Erika nach Hause kamen, servierten wir vor diesem Panorama ein Dinner.

»Was ist los?« fragte Wolfgang überrascht. »Hat jemand Geburtstag?«

»Wir haben zu danken«, lächelte Elfriede und erzählte von der Gastfreundschaft der Logeys, die uns wie ein Gefängnis erschienen war.

Wolf nickte und trank von seinem Wein. »So sind sie, die Kiwis. Das sagten wir euch schon in Motueka.«

»Wir haben auch andere getroffen«, wandte ich ein.

»Okay, die gibt's hier. Aber die Kleinbürger regieren das Land, solide und gottesfürchtig.« Er überlegte und fügte hinzu: »Wenn ihr mit den deutschen Spießern nicht zurechtkommt, habt ihr hier nichts verloren.«

Währenddessen wurde es dunkel, in der Bucht blinkten Positionslampen auf, in den Hügeln flimmerten die Lichternetze der Dörfer, und drüben gleißte, wie von Flutlicht angestrahlt, die Skyline der Stadt.

»Ihr wohnt hier wie im Paradies«, seufzte ich.

»Vielen Dank«, lächelte Wolfgang. »Aber euer Zuhause ist doch auch recht schön.«

»Das sagtest du bereits in Motueka. Du würdest dich wundern, wenn du bei uns leben müßtest.«

»Ich weiß«, spottete er, »das Waldsterben, der saure Regen, die Umweltverschmutzung…«

»Ach, Wolf, du hast ja keine Ahnung.« Ich beugte mich vor. »Es ist weit schlimmer, als du denkst. Wir haben nichts Natürliches mehr, woran wir uns festhalten können, nur noch uns selbst, und das ist wie ein böser Traum. Wenn kein Wunder geschieht, dann geht dein Deutschland vor die Hunde.«

»Aber warum denn?« staunte die blonde Erika. »Ich habe so etwas noch nie gehört!«

»Halb so schlimm«, besänftigte Wolfgang, »auch dort leben noch Fische im Fluß.«

»Aale«, höhnte ich, »mit Quecksilbervergiftung!«

»Aber ihr kämpft wenigstens um sie!«

»Da wäre ich nicht so sicher.«

»Doch! In Deutschland werden die Dinge diskutiert, die woanders noch tabu sind!«

»Na und?« rief ich. »Das ist zu wenig und zu langsam! Wir haben keine Zeit!«

»Du bist zu ungeduldig, junger Freund.« Er lächelte nachsichtig. »Und auch ein wenig arrogant. Woher willst du wissen, wohin die Welt treibt?«

»Ich gehe von Tatsachen aus...«

»...und Tatsache ist, daß der Untergang solange unbewiesen bleibt, wie er nicht stattgefunden hat.« Er hob sein Weinglas und trank uns zu. »Je länger ihr ihn anstarrt, desto eher wird er wahr!«

Schweigen entstand. Die Milchstraße glitzerte, der Mond stieg aus den schwarzen Hügeln und versilberte die Bucht. Leuchtturmstrahlen strichen durch die Nacht, und unten in Eastbourne erlosch ein Fenster nach dem anderen.

Mit Riesensprüngen eilten wir jetzt zurück, zunächst im Bus nach Te Puke, wo die Torys verwundert unsere Bitte erfüllten, im Garten statt im Gästezimmer schlafen zu dürfen. Wir wollten Abschied nehmen vom Leben im Zelt, denn der Zeitpunkt war gekommen, um die Hälfte unserer Ausrüstung auf ein Schiff zu verfrachten, auch Stiefel und Töpfe, Kocher und Wasserflaschen, die acht Monate lang zu unserem Alltag gehört hatten. Wir fühlten den Verlust wie eine Demontage und blieben am letzten Morgen lange im Zelt, wo jeder Winkel und jeder Gegenstand vertraut waren, auch die Enge, der harte Boden und die Stoffwände, die uns so oft beschützt hatten. Wir zögerten das Ende hinaus und wärmten Erinnerungen auf, vom Wolkenbruch am Wangapeka, vom Wirbelsturm am Routeburn, bis wir keine Zeit mehr hatten. Ein Bus brachte uns nach Auckland, dann raste der Jumbo über die Piste, reckte seine Nase hoch, flog ab. Elfriede drückte meine Hand und flüsterte: »Aus der Traum.« Ich hatte einen Kloß im Hals und konnte nicht sprechen, bis die Stewardeß das Mittagsmahl servierte, darunter einen Salat mit blauen Oliven. Mein Nachbar, ein älterer Kiwi, beäugte erstaunt sein Tablett.

»Sorry, Mister, könnt ihr vielleicht helfen?«

»Wobei?«

»Die komischen Kugeln da, die Riesen-Blaubeeren – was ist das?«

Ich konnte nicht anders, ich mußte lachen, obwohl ich sah, wie ihm das Blut ins Gesicht stieg. Er flog zum erstenmal nach Europa und hatte das andere Leben noch vor sich.

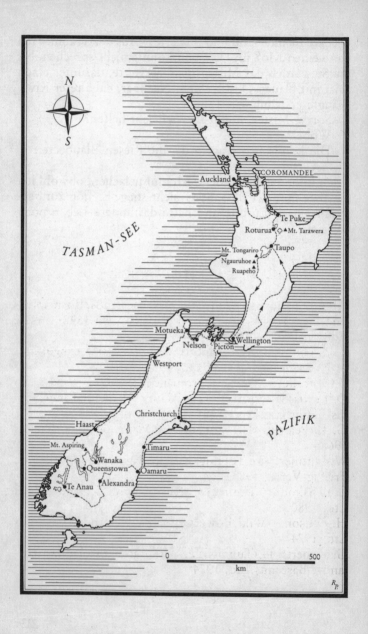

Literaturverzeichnis

»Wild New Zealand«, Reader's Digest 1982

K. B. Cumberland: »Landmarks«, Reader's Digest 1981

R. Bromby, R. Smith, W. Jacobs: »Neuseeland«, Atlantis 1984

K. Sinclair: »A history of New Zealand«, Penguin Books Ltd. 1984

W. P. Morell, D. O. W. Hall: »A history of New Zealand life«, Whitombe and Tombs Ltd. 1957

Abel J. Tasman: »Entdeckung Neuseelands, Tasmaniens und der Tonga- und der Fidschi-Inseln 1642—1644«, Edition Erdmann 1982

J. Pascoe: »Explorers and travellers — early expeditions in New Zealand«, Reed Ltd. 1983

B. Mitcalfe: »Maori«, Coromandel Press

D. Lewis, W. Forman: »The Maori — heirs of Tane«, Orbis Publishing Ltd. 1982

G. L. Pearce: »The story of the Maori people«, Collins 1968

W. Dittmer: »Te Tohunga — Alte Sagen aus Maoriland«, Freitag-Verlag 1983

J. T. Salmon: »The native trees of New Zealand«, Reed Ltd. 1980

H. Wilson: »Wild flowers of New Zealand«, Bascands Ltd. 1974

G. Roberts, G. Tunnicliffe: »Wild animals of New Zealand«, Bascands Ltd. 1974

C. T. Kelly: »Collins handguide to the birds of New Zealand«, Collins 1982

T. Nolan: »Historic gold trails of Nelson and Marlborough«, Reed Ltd. 1976

T. Nolan: »Historic gold trails of the Coromandel«, Reed Ltd. 1977

B. W. Hayward: »Kauri gum and the gumdiggers«, The Lodestar Press 1982

J. Grainger: »The Auckland Story«, Reed Ltd. 1953

E. Tapsell: »A history of Rotorua«, Rotorua 1972

A. W. Reed: »Legends of Rotorua and the hot lakes«, Reed Ltd. 1958

B. F. Houghton: »Geyserland – a guide to the volcanoes and geothermal areas of Rotorua«, Geological Society of New Zealand 1982

»Abel Tasman National Park – A handbook für visitors«, edited by G. Cole, Abel Tasman National Park Board 1962

»The restless land – The story of Tongariro National Park«, Department of Lands and Survey 1982

»Handbook to the Mount Aspiring National Park«, edited by W. S. Gilkinson, Mount Aspiring National Park Board 1971

P. Temple: »The Routeburn Track«, Whitcoulls Ltd. 1976

Samuel Butler: »Erewhon«, Goldmann-Verlag 1985

T. Wheeler: »Neuseeland – travel aids«, Buchvertrieb Gerda Schettler 1982

»Shell road maps of New Zealand«, Shell Oil New Zealand Ltd. 1982

Eugen Schuhmacher: »Die letzten Paradiese«, C. Bertelsmann-Verlag 1966

Fremde Länder

Als Band mit der Bestellnummer 60241 erschien:

In acht Wochen durchquerte der bekannte Überlebenskünstler Rüdiger Nehberg eine der heißesten Regionen der Erde. Sein fesselnder Bericht erzählt von schier unsäglichen Strapazen, aber auch grandiosen Naturerlebnissen.

Fremde Länder

Als Band mit der Bestellnummer 60248 erschien:

Ein Reiseführer ganz besonderer Art, der abseits der ausgetretenen Touristenpfade das wahre Sizilien, seine Geschichte und seine Menschen wiederentdeckt.